Opus 53

Meiner Frau Ursula – Wider- und Mitstreiterin in all den Jahren – und unseren Kindern Pia Rebekka, Johannes Lukas und Johannes Gregor gewidmet.
J. P. Hölzinger

Dedicated to my wife Ursula – opponent and fellow combattant over the years – and to my children Pia Rebekka, Johannes Lukas, and Johannes Gregor.
J. P. Hölzinger

Johannes Peter Hölzinger
Haus in Bad Nauheim

Text
Gerd de Bruyn

Photographien / Photographs
Dieter Leistner

Edition Axel Menges

Herausgeber/Editor: Axel Menges

Veröffentlicht mit Unterstützung des Amtes für Wissenschaft und Kunst der Stadt Frankfurt am Main.
Published with the assistance of the Amt für Wissenschaft und Kunst of the City of Frankfurt am Main.

ISBN 3-930698-53-6

Reproduktionen/Reproductions: Bild & Text Joachim Baun, Fellbach
Printing and binding: Daehan Printing & Publishing Co., Ltd., Sungnam, Korea

Übersetzung ins Englische/Translation into English: Michael Robinson
Design: Axel Menges

Frontispiz: Straßenseite des Hauses bei Nacht. (Photo: Jürgen Wegener.)
Frontispiece: Street side of the house at night. (Photo: Jürgen Wegener.)

Inhalt

Contents

Gerd de Bruyn

Die Geburt der Moderne in der Provinz. Das Haus von Johannes Peter Hölzinger in Bad Nauheim

Stadtflucht und Neubeginn

Es ist ja merkwürdig genug, wenn Moderne und Provinz in einem Atemzug genannt werden. Provinz steht gemeinhin für Biederkeit und Rückständigkeit, für Spießertum und Ignoranz, während wir unter Moderne das Gegenteil verstehen. Sie ist der Motor, der die Menschheit in eine bessere Zukunft zu beschleunigen verspricht. Wenn wir uns allerdings die Schocks der politischen und ästhetischen Avantgarden des 20. Jahrhunderts vor Augen führen, dann bedeutet Moderne nicht nur Wandel und Fortschritt, sondern Katastrophen, Kriege und Revolten. Andererseits wird ja auch der idyllisch anmutende Stillstand der Provinz oft genug durch Rassismus und Fremdenfeindlichkeit konterkariert. Längst sind wir von der Allgegenwärtigkeit des Terrors überzeugt. Und obschon wir wissen, daß auch der technische Fortschritt vor keiner Grenze mehr haltmacht und daß Moderne und Traditionspflege keinen Widerspruch bilden, glauben die meisten Einwohner von Metropolis immer noch mit sicherem Instinkt zwischen Provinz und urbaner Kultur unterscheiden zu können.

Selbstverständlich geht dies nicht ohne Vorurteile ab, doch nimmt sich der Hochmut der »Urbanisten« vergleichsweise harmlos aus gegenüber der Tatsache, daß in der globalisierten Welt nahezu alle Regionen Gefahr laufen können, mitsamt ihren prächtigsten Städten, Kulturlandschaften und Kulturdenkmälern, Industrie- und Forschungszentren zu provinzialisieren. Hatte nicht Donald Rumsfeld mit seiner höhnischen Rede vom »alten Europa« all jene Politiker lächerlich machen und zu Hinterwäldlern stempeln wollen, die der USA im Irak-Krieg die Gefolgschaft verweigerten? Es war dies die unverhohlene Drohung eines Menschen, der nur die Sprache der Macht kennt. Sie allein entscheidet darüber, welche Weltregionen zu einem provinziellen Schattendasein verdammt werden und welche nicht.

Indessen: wo viel Schatten ist, fällt auch viel Licht. Menschen mit großen Ambitionen fühlten immer schon die Anziehungskraft der Provinz. Im 20. Jahrhundert bildete sie die natürliche Geburtsstätte der Avantgarde.[1] Seit jeher diente die Provinz als idealer Rückzugsort der sich regenerierenden und neu formierenden Künstlereliten, als Refugium einer rebellischen Intelligenz, die das städtische Leben floh.[2] Schon ihre Stichwortgeber, die Utopisten, siedelten ihre Phantasiegebilde mit Vorliebe auf dem Land und nicht selten in der Wildnis an. Die Großstadt wurde als Sündenbabel gebrandmarkt, als Brutstätte des »falschen Lebens«, der Verelendung, sozialen Ungerechtigkeit und rücksichtslosen Konkurrenz. Den anonymen Stadtgesellschaften wurden Gemeinschaften aus solidarisch handelnden Menschen gegenübergestellt, die ihr Lebensglück aus praktizierter Nächstenliebe bezogen. Und aus der Liebe zur Natur! Mit roten Wangen gehen sie der Feldarbeit nach, veredeln Obstbäume und bekämpfen geduldig das Heer der Schädlinge, damit ihr Stückchen Land zum Garten Eden werde.

Nachzulesen ist dies nicht nur in den idyllischen Schilderungen utopischer Sozialisten und den Berichten Friedrich Engels' über die nordamerikanischen Ansiedlungen protestantischer Sekten, es findet sich ebenfalls in politisch völlig unverdächtigen Erzählungen. So in Adalbert Stifters Roman *Der Nachsommer* (1857), in dem von einem umsichtigen Gutsherrn die Rede ist, der in einem »Rosenhaus« residiert und zeitgleich mit William Morris, der 1860 das berühmte *Red House* bezog, eine Arts-and-Crafts-Enklave errichtete.[3] Blühende Landschaften, gering bevölkert von gesunden und wohlgeformten Menschen, boten immer schon ideale Experimentierfelder für Philanthropen aller Couleur, die sich, vom politischen und kulturellen Leben der Großstädte angeekelt, auf das »unschuldige Land« zurückzogen, um dort ungestört an der moralischen Verbesserung des Menschengeschlechts arbeiten zu können.

In der »pädagogischen Provinz« tummeln sich aber nicht nur »reine Toren« unter der Knute moralisierender Reformer, dort findet sich auch manche Künstlerkolonie und Gelehrtenrepublik. Ihnen gehören jene ehrgeizigen Geister an, die im metropolitanen »Kampf um Aufmerksamkeit«[4] unterlagen, weil sie dem Großstadtpublikum nicht geben wollten, wonach es am meisten verlangt: Amüsement, Glanz und Glamour. Denn das gehört ja gerade zur Dialektik der Moderne, daß ihre berühmtesten Protagonisten nicht selten ihre grimmigsten Gegner waren. Und weil die große Stadt seit jeher mit den Schattenseiten der Moderne identifiziert wird, mit ihren schlimmsten Übeln und grellsten Verführungen, ihrer Gottesferne und Unmoral, weil der Stadt immer schon alle Laster dieser Welt angedichtet wurden, waren die unversöhnlichsten Kritiker der Industriegesellschaft und der kapitalistischen Ökonomie stets von einer blindwütigen Großstadtfeindschaft erfüllt.

Die Provinz bot sich als idealer Nährboden einer Moderne an, die sich von der, die in den Metropolen zu Hause ist, grundsätzlich unterscheidet. Nicht aber, weil sie kleinmütiger und kompromißbereiter wäre, sondern im Gegenteil, weil sie viel radikaler, strenger und im ganzen unbarmherziger scheint als die städtische. Mit gewissem Recht kann man für das 20. Jahrhundert behaupten: Die »provinzielle Moderne« war der Exerzierplatz einer radikalen Avantgarde, der es um Katharsis, Umwälzung und Erneuerung ging – letztendlich um die Überführung von Kunst in Lebenspraxis. Ganz anders dagegen die »urbane Moderne«, die immer schon von Liberalität und Toleranz geprägt war, die den heterogenen Charakter der Kultur, das Miteinander von Kunst, Medien- und Unterhaltungsindustrie, niemals aus den Augen verlieren durfte und sich in gleicher Weise um den wissenschaftlich-technischen wie um den ästhetisch-ethischen Fortschritt kümmern mußte.[5]

Nach dem Vorbild des großen Reformators, der aus der Einsamkeit seiner Klause in die Stadt zurückkehrt und den Tempel reinigt, der zum Bordell wurde, schöpften auch die Avantgardisten Mut und Kraft in der Abgeschiedenheit der Provinz, wo sie ihre programmatischen Werke schufen, die wie Sturmfackeln in die Städte getragen wurden, um in der »großen Welt« Furore zu machen. Doch die Toleranz der Städter gegenüber neuen Lehren ist meist von zwiespältigem Charakter: Avantgardisten dürfen provozieren, ihr Publikum beschimpfen und die Einheit von Kunst und Leben predigen – das Großstadtpublikum zeigt sich fasziniert, doch glaubt es ihnen nicht. Hierfür ist es meist zu abgebrüht. Zudem bildet es keine homogene Gruppe. Der Begriff »Kunstgemeinde« bezeichnet kein Spezifikum städtischer Kultur. Er klärt uns nur über das Zerbröseln des großen Publikums in kleine spezialisierte Gruppen auf.

[1] Um nur einen Hinweis zu geben: Die meisten der 125 international renommierten Künstler, deren Werke 1989 in der legendären Ausstellung *Bilderstreit* zu sehen waren, stammen aus der Provinz. Nur ein knappes Drittel wurde in Großstädten geboren. (Vgl. Siegfried Gohr, Johannes Gachnang, Hg., *Bilderstreit. Widerspruch, Einheit und Fragment in der Kunst seit 1960*, Köln 1989, S. 504 ff.)

[2] Bedeutende Künstlerkolonien und Reformschulen zogen sich an weithin unbekannte Orte zurück: die Mathildenhöhe in Darmstadt, das im Teufelsmoor gelegene Worpswede, die Gartenstadt Hellerau bei Dresden, Dornach in der Schweiz, Dessau in Sachsen-Anhalt und die Burgen Rothenfels oder Giebichenstein. Auch Ulm darf man dazu zählen, vor dessen Toren die von Inge Aicher-Scholl gegründete Hochschule für Gestaltung ihr Zuhause fand.

Viele dieser freiwillig und unfreiwillig gewählten Enklaven hatten etwas Klösterliches an sich: Je verlassener die Gegend, desto prominenter wurden Asketen wie Arno Schmidt, der in der Lüneburger Heide residierte, und utopische Siedlungen wie Arcosanti, das von Paolo Soleri in der Wüste von Arizona gegründet wurde.

[3] Das Landleben geht »wie lindes Öl in das geöffnete Gemüt. Man muß aber weit von der Stadt weg und von ihr unberührt sein«, notierte Adalbert Stifter. (*Der Nachsommer*«, München 1984, S. 113.) Freilich erhält das Landleben seine volle Bedeutung erst durch das harmonische Miteinander von Architektur und Natur, künstlerischer und handwerklicher Kultur. Beides verbindet sich in der vornehmen Schlichtheit, die William Morris der Moderne zum Geschenk machte. Über sein *Rotes Haus* schrieb Julius Posener, es könne »durchaus als ein Paradigma für seine Lehre angesehen werden, wie aus der Arbeit des Handwerkers die Kunst blüht«. (»Vorlesungen zur Geschichte der modernen Architektur, III«, *Arch+*, 59, S. 11.)

[4] Über die Aufmerksamkeit, die in der Mediengesellschaft zum neuen Währungssystem aufgestiegen ist, vgl. Georg Frank, »Mentaler Kapitalismus«, *Merkur*, 1, 2003, S. 1–15.

[5] Hier soll nicht die Toleranz der urbanen Moderne gegen die »gnadenlosen« Avantgarden ausgespielt werden. Letztere scheinen zwar aufgrund der Kompromißlosigkeit ihrer Programmatik intolerant zu sein, doch handelt es sich hierbei eher um eine Art »Antitoleranz«. Toleranz bedeutet ja nicht nur, daß wir unser Dasein nach dem Motto »leben und leben lassen« gestalten, sie macht auch darauf aufmerksam, daß wir das meiste, was wir bei anderen tolerieren, uns selber nicht gestatten. Toleranz ist eine lebensnotwendige Tugend des Städters, der permanent mit fremden Menschen, Sitten und Gebräuchen konfrontiert wird. Avantgardistisch hingegen wäre, wenn man das Fremde integriert. Hierfür bietet sich der Begriff der Akzeptanz an. Fremdes Handeln zu akzeptieren, schafft gewiß mehr Verständnis und Nähe als verordnete Toleranz.

Gerd de Bruyn

The birth of Modernism in the provinces. Johannes Peter Hölzinger's house in Bad Nauheim

Fleeing the city and a fresh start

It is remarkable enough to hear Modernism and the provinces mentioned in the same breath. The provinces are usually associated with being conventional and backward, with the petite bourgeoisie and ignorance, while Modernism suggests the opposite. It is the motor that promised to propel humanity into a better future. But looking back at the shock-waves generated by the 20th-century political and aesthetic avant-garde, Modernism means catastrophe, war and revolts, not just change and progress. And then of course the apparently idyllic calm of the provinces is often marred by racism and intolerant attitudes to strangers. We have been convinced that terror is omnipresent for a long time now. And although we are aware that technical progress no longer knows any bounds, and that Modernism and respect for tradition can co-exist, most city-dwellers still think they can draw a secure and instinctive distinction between the provinces and urban culture.

Of course this is all bound up with prejudice, but »urban« pride looks comparatively harmless when faced with the fact that in the globalized world nearly all regions can risk being reduced to provincialism, along with their most magnificent cities, cultural landscapes and monuments, industrial and research centres. Is it not true that when Donald Rumsfeld delivered his scornful speech about »old Europe« he wanted to make all the politicians who refused to support the USA in the Iraq war look ridiculous and mark them down as backwoodsmen? This was a naked threat from a man who knows only the language of power. And that alone can decide which world regions will be condemned to a shadowy provincial existence, and which not.

However: where the shadows are darkest, there is also a lot of light. Highly ambitious people have always felt attracted to the provinces. They were the natural birthplace of the 20th-century avant-garde.[1] The provinces have provided an ideal retreat for artistic élites wishing to regenerate themselves and reform, a refuge for a rebellious intelligentsia fleeing the cities.[2] Even the Utopians, who provided the key words, preferred to set up their fantasy structures in the country, and often in a wilderness. Cities were branded sinks of iniquity, breeding grounds for a »false life«, for misery, social injustice and remorseless competition. Anonymous urban societies were contrasted with communities of people showing solidarity and deriving their happiness in life from loving their neighbours. And from their love of nature! They go about their work in the fields with rosy cheeks, grafted fruit trees and patiently fought against armies of pests to turn their bit of land into the Garden of Eden.

This is not just put forward in idyllic accounts by utopian socialists and Friedrich Engels' reports about protestant sects' settlements in North America, it also crops up in narratives with no political slant at all. In Adalbert Stifter's novel *Der Nachsommer* (1857), for example, which tells the story of a prudent landowner who lives in a »House of Roses« and sets up an arts-and-crafts enclave at the same time as William Morris; Morris moved into the famous *Red House* in 1860.[3] Flourishing landscapes, sparsely populated by healthy, comely people, have always been ideal experimental territory for philanthropists of every hue who, disgusted by urban political and cultural life, withdrew to the »innocent countryside« to work undisturbed on the moral improvement of the human race.

But the »educational provinces« are not just full of »pure fools« under the tyranny of moralizing reformers, there are artists' colonies and scholar's republics as well. These are inhabited by those ambitious spirits who came to grief in the metropolitan »struggle for attention«[4] because they weren't prepared to give a city audience what it most wanted: fun, glitz and glamour. In fact precisely that is part of the dialectic of Modern-

Das Haus in der Straßenflucht kurz nach der Fertigstellung des Gebäudes im Jahr 1977. (Photo: J. P. Hölzinger.)

The house in the street line shortly after the building was finished in 1977. (Photo: J. P. Hölzinger.)

[1] To give just one reference: most of the 125 internationally renowned artists whose works were shown in the legendary *Bilderstreit* exhibition in 1989 came from the provinces. Only just under a third were born in major cities. (Cf. Siegfried Gohr, Johannes Gachnang, ed., *Bilderstreit. Widerspruch, Einheit und Fragment in der Kunst seit 1960*, Cologne, 1989, pp. 504 ff.)

[2] Important artistic colonies withdrew to places that were largely unknown: the Mathildenhöhe in Darmstadt, Worpswede on the Teufelsmoor, the garden city of Hellerau near Dresden, Dornach in Switzlerland, Dessau in Saxony-Anhalt and the castles of Rothenfels or Giebichenstein. And Ulm can be counted here as well, outside whose gates the Hochschule für Gestaltung founded by Inge Aicher-Scholl found its home.

Many of these voluntarily and involuntarily chosen enclaves had something monastic about them: the more remote the area, the more eminent became ascetics like Arno Schmidt, who lived on the Lüneburger Heide, and utopian settlements like Arcosanti, founded by Paolo Soleri in the Arizona desert.

[3] Rural life runs »into the welcoming soul like a fine oil. But one has to be far from the city, and untouched by it«, noted Adalbert Stifter. (*Der Nachsommer*, Munich, 1984, p. 113.) Admittedly rural life does not acquire its full significance until architecture and nature, artistic and craft culture come together harmoniously. Both are combined in the distinguished simplicity that William Morris presented to Modernism. Julius Posener wrote of his *Red House* that it could »definitely be seen as a paradigm for his theory that art blossoms from the craftsman's work«. (»Vorlesungen zur Geschichte der modernen Architektur, III«, *Arch+*, 59, p. 11.)

[4] For the attention that has become the new currency in the media society cf. Georg Frank, »Mentaler Kapitalismus«, *Merkur*, 1, 2003, pp. 1–15.

Die historischen Avantgarden rüttelten am elitären Charakter der Kunst, zerrten sie aus dem Reservat der Museen, Theaterbühnen und Konzertsäle, doch während sie neben dem bürgerlichen Publikum, das sie verprellten, das kleine Expertenpublikum etablierten, stürzten sich die Massen in die Arme der Kulturindustrie. Diese mußte nur auflesen und in moderne popkulturelle Produkte verwandeln, was die Metropole achtlos am Rand ihrer Boulevards liegen ließ: schrille Revuen, Musicals, Varietés, Kabaretts, Schau- und Wettkämpfe aller Art. Die Popkultur reproduziert auf ihre Weise jene urbane Verknüpfung von Tag- und Nachtleben, Triebverzicht und Regression, Kunst und Kitsch, womit der verschärfte Rationalisierungsdruck in den großen Städten besser auszuhalten war. Die »schlafende« Provinz zog unterdessen Avantgarde-Bewegungen an, die sich der urbanen Dialektik von Modernisierung und Faschingslaune verweigerten. Sie wollten eine von der städtischen Kultur gereinigte, kompromißlose Moderne durchsetzen – im Unterschied zu den Futuristen, die lärmende Städte und schnelle Autos liebten.

Antonio Sant'Elia gehörte zu den wenigen Architekten, die ihren antibürgerlichen Affront mit einem Bekenntnis zum rasanten Modernisierungstempo der Metropolen verbanden. Doch machte sein Beispiel keine Schule. Allein die Tatsache, daß Paris nach dem Zweiten Weltkrieg keine Kunsthauptstadt mehr war, deutet schon darauf hin, daß die Avantgarden seit längerem andere Aufenthaltsorte bevorzugten. Allen voran die Architekten, die, nachdem sie ihre Politisierung für beendet ansahen, der Großstadt den Rücken zukehrten, um auf dem Land Siedlungen zu bauen, die nach der antiurbanen Rezeptur der Charta von Athen entworfen wurden.[6] Und das, obschon sie sich mit Emphase für die moderne Technik und die Industrialisierung des Bauens ausgesprochen hatten und Le Corbusiers Mahnung beherzigen wollten, von den Ingenieuren zu lernen. Doch hielt sich der Meister selbst nicht daran und schlug Sant'Elias Forderung in den Wind, die Dynamik der Stadt auf das Bauen zu übertragen.[7] Zu sehr war den Architekten die traditionelle Konstitution ihres Metiers zur zweiten Natur geworden, das in den Jahrtausenden, in denen der Mensch seßhaft wurde, zur Immobilie erstarrt war.

Ließ der konkrete Rationalisierungsdruck in den Städten das Bedürfnis nach einer »Unterhaltungskunst« wachsen, die modern war, eben weil sie sich den Regeln dieser Rationalisierung unterwarf, verschaffte demgegenüber der verlangsamte Fortschritt in der Provinz einer »Avantgardekunst« Luft, die modern sein wollte, indem sie das Gegenteil tat und sich der instrumentellen Vernunft verweigerte.[8] Die Protagonisten des Neuen Bauens, obschon in der Mehrzahl Rationalisten, entschieden sich für die gleiche Strategie, nachdem sie beschlossen hatten, einen Schlußstrich unter die urbane Kultur des 19. Jahrhunderts zu ziehen. Die Freude Gottfried Sempers an großstädtischem Faschingstaumel und bunter Maskerade, die noch in Otto Wagner und dem Jugendstil nachhallte, schlug bei den kommenden Generationen in blanken Haß gegen jegliche Form des Ornamentierens und Verkleidens um. Unter Berufung auf Adolf Loos wurde die verzierte Fassade, dieses Signum urbaner Architektur, für unmoralisch und unästhetisch erklärt.

Die Provinz war und ist heute noch der Nährboden einer Intelligenzia, deren rigorose Ethik in den Turbulenzen der großen Städte unterzugehen droht. Die Avantgarden wollten den gordischen Knoten, den das pulsierende metropolitane Leben geschnürt hatte, mit einem Hieb durchtrennen, um ein Dasein, das stets unüberschaubarer und widersprüchlicher zu werden drohte, im Reinigungsbad ästhetischer Strenge, Klarheit und Wahrhaftigkeit von seinen Schlacken zu befreien. Aus der Sicht der modernen Architektur erschien die urbane Kultur häßlich, unhygienisch und verlogen. Also zog man sich auf das Mittelmeer zurück, um das Chaos der großen Städte während einer Kreuzfahrt das Fürchten zu lehren.[9] Aufgeräumt und nach Funktionen neu gegliedert werden sollten diese Orte des Schreckens, in denen soziale Gegensätze besonders kraß, die Ausdünstungen stinkender Fabriken besonders krankheitserregend und die Kriminalität besonders blutrünstig erschienen. Die Städte waren ein authentisches Produkt der Moderne und wurden gerade deshalb von den Lebensreformern auf das schärfste kritisiert.

Ausgerechnet in einer Phase, in der die Moderne nicht mehr nur erlitten und ihre Schattenseiten literarisch verarbeitet wurden, sondern ihre Augen in Menschen aufschlug, die aktiv am Aufbau einer neuen Gesellschaft mitwirken wollten, sahen viele Künstler, Architekten und Intellektuelle in den Städten nicht länger Orte des humanen Fortschritts und der Hochkultur, sondern Brutstätten der Entsublimierung und raschen Triebbefriedigung. Wahr daran ist, daß Konsum und Amüsement der wohlfeile Trost sind, den Metropolen ihren unter großem Anpassungsdruck leidenden Bürgern im Überfluß gewähren, solange sie sich als zahlungskräftig erweisen. Urbane Kultur war immer schon modern und postmodern zugleich: eher ironisch als ernst, lasterhaft als gewissenhaft, farbenfreudig als monochrom, verschwenderisch statt sparsam. Muße verspricht Langeweile und ebenso die mit erhobenem Zeigefinger vorgetragene Belehrung. Mehr als alle Wahrheit lieben die vergnügungssüchtigen Städter grandiose Spektakel und aufregende Skandale.

Dagegen bot die Provinz ausreichend Platz für die Präsentation und Erkenntnis des Wesenskerns der Architektur. Die Stadt erwies sich hierfür als viel zu eng. Geradezu beleidigend eng für Bauten, auf die kein Schatten fallen sollte. Befreit werden wollten sie aus den engen Straßenschluchten der Städte und als einsame Körper, »ehrlich« konstruiert, in das Licht mediterraner Landschaften gestellt werden. Letztere bildeten die neue Projektionsfläche für das Verhältnis von Kultur und Natur, denn darum ging es ja in erster Linie: daß die Artefakte des Menschen ihre lebensreformerische Kraft und Legitimität aus der Nähe zu einer Natur schöpften, die sich der »fehlgeleitete« Zivilisationsprozeß noch nicht unterworfen hatte. Allein aus diesem Grund wanderte der von Walt Whitman und der europäischen Romantik inspirierte Frank Lloyd Wright in die Weite der Prärie, um dort den Grundstein für die moderne Architektur zu legen.

Auch in Europa bemühte man sich um einen neuen Dialog mit der Landschaft. Dabei sollte der architektonische Raum aus den Reglements der Stadt ausgegrenzt und zum Fließen gebracht werden. Das gebaute Artefakt, das sich mit seinen scharfen Kanten klar und deutlich vor den organischen Formen der Landschaft abzeichnete, sollte mit diesen durch eine Raumkonzeption versöhnt werden, welche die Grenzen zwischen beiden Sphären wieder verwischte. Die inszenierte Differenz war ein Kunstgriff, damit das Drama der Synthese – die Vermählung von Architektur und Natur – nur um so emphatischer in Szene gesetzt werden konnte.[10] Es entstand so eine faszinierende Dialektik zwischen den die Natur distanzierenden rationalistischen Gebäudeformen einerseits und der Vorstellung eines unendlichen Fließraums

[6] Für die Politisierung der in Berlin tätigen Architekten steht der »Arbeitsrat für Kunst«, von dem sich 1918 die »Novembergruppe« abspaltete. Beiden Vereinigungen gehörten auch Maler, Bildhauer und Musiker an. Die »Novembergruppe« war noch urban genug, um 1920 mit Filippo Tommaso Marinetti eine gemeinsame Ausstellung in Rom zu organisieren. 1933 wurde sie von den Nazis aufgelöst. Zuvor war »Der Zehnerring« als eine reine Architektenvereinigung gegründet worden, aus der 1926 »Der Ring« hervorging. Die Entwicklung vom »Arbeitsrat für Kunst« bis zum CIAM beschreibt die allmähliche Entpolitisierung der Avantgarde, die begleitet wurde von einer zunehmend antiurbanen Gesinnung. Am Ende bauten Walter Gropius und Mies van der Rohe Kleinstadtsiedlungen à la Dammerstock, Törten und den Weißenhof, während Ernst May idyllische Gartenstädte im Niddatal plante.

[7] 1914 formulierte Sant'Elia zusammen mit Marinetti das Manifest der futuristischen Architektur: »Wir müssen die futuristische Stadt erfinden und erbauen – sie muß einer großen, lärmenden Werft gleichen und in allen ihren Teilen flink, beweglich, dynamisch sein; das futuristische Haus muß wie eine riesige Maschine sein. Der Aufzug soll sich nicht mehr wie ein Bandwurm im Schacht des Treppenhauses verbergen; die überflüssig gewordenen Treppen müssen verschwinden, und die Aufzüge sollen sich wie Schlangen aus Eisen und Glas emporwinden.« (*Programme und Manifeste zur Architektur des 20. Jahrhunderts*, hg. von Ulrich Conrads, Braunschweig und Wiesbaden 1981, S. 32/33.) Acht Jahre später bremste Le Corbusier in *Vers une Architecture* das Temperament des italienischen Futurismus mit seiner berühmten Formel: »Architektur ist das kunstvolle, korrekte und großartige Spiel der unter dem Licht versammelten Baukörper.« Damit waren die Weichen gestellt, um die Dynamik des Städtischen durch die Kontemplation des Architektonischen abzulösen.

[8] Genau über diesen Zusammenhang wollte uns Rem Koolhaas unterrichten, als er in *Delirious New York* (1978) die besserwisserischen Avantgarden der europäischen Provinzen den unmoralischen Phantasmagorien Manhattans gegenüberstellte. (Vgl. dazu Gerd de Bruyn, *Fisch und Frosch oder Die Selbstkritik der Moderne*, Basel, Boston und Berlin 2001, S. 146 ff.)

[9] Gemeint ist natürlich der CIAM IV, der dem Thema »Die funktionelle Stadt« gewidmet war und in den Sommermonaten des Jahres 1933 an Bord des Schiffes *Patras II* durchgeführt wurde.

[10] Adolf Rading, der Büropartner Hans Scharouns, schrieb 1929: »Unsere Häuser bauen sich auf aus einer Umgebung von Erde, Blumen, Bäumen und Wasser, sie öffnen sich der Luft und der Sonne, sie sind einfach in diesem, nicht in technischem Sinne. Sie sind Teil der Natur, aus ihrem Zusammenhang nicht zu lösen.« (Zitiert nach Klaus Kürvers, »Hans Scharoun und der Entwurfsprozeß zum Haus Schminke«, in: Max Risselada u. a., Hg., *Funktionalismus 1927–1961. Hans Scharoun versus de Opbouw*, Sulgen, Schweiz, 1999, S. 77.)

ism: its most eminent protagonists were quite often its most ferocious opponents. And because cities have always been identified with the dark side of Modernism, with its greatest evils and most garish temptations, its distance from God and its immorality, because cities always had all the vices of this world imputed to them, they were always excoriated by the most tenacious critics of industrial society and the capitalist economy.

The provinces offered themselves as an ideal soil for a Modernism that was fundamentally different from the Modernism that was at home in the cities. But not because it could be said to be more timid and more open to compromise. On the contrary because it seemed much more radical, austere and overall more uncompromising than the urban form. It is to an extent correct to say that in the 20th-century »provincial Modernism« was the parade ground for a radical avant-garde concerned with catharsis, revolution and renewal – ultimately with shifting art into practical life. But »urban Modernism« was quite different. It was always liberal and tolerant, and was never allowed to lose sight of the heterogeneous character of culture, of art mingling with the media and entertainment industry. It had to take equal account of both scientific and technical, and aesthetic and ethical progress.[5]

Taking a lead from the great reformer who went back to the city from his cell and cleansed the temple that had been turned into a brothel, the avant-garde also drew courage and strength from the remoteness of the provinces. Here they created programmatic works that were rushed into the cities like torches in a storm to create a furore in the »great world«. But city-dwellers have a tolerance of mixed character to new theories: the avant-garde are allowed to be provocative, insult their audience and preach that art and life are one – the city audience is fascinated, but it doesn't believe them. It is usually too hardened for that. And it is not a homogeneous group either. The concept »art community« does not define a specific element of urban culture. It simply shows us how the great public is crumbling into small specialized groups.

The historical avant-garde movements rattled at the élitist character of art, dragging it out of the seclusion of museums, theatres and concert halls. But even as they were establishing a small audience of experts alongside the bourgeois public they were alienating, the masses were throwing themselves into the arms of the culture industry. All this had to do was gather up everything the big cities left lying around unheeded by the side of their boulevards and turn it into modern products of pop culture: raucous revues, musicals, variety shows, cabarets, shows and contents of all kinds. In its own way, pop culture reproduced the kind of urban linking of day- and night-life, sexual abstinence and regression, art and kitsch that the increased pressure for rationalization in the big cities was better able to cope with. In the mean time, the »sleepy« provinces attracted avant-garde movements that refused to collude with the urban dialectic of modernization and a sense of carnival. They wanted to implement an uncompromising Modernism that was purged of urban culture – unlike the Futurists, who loved noisy cities and fast cars.

Antonio de Sant'Elia was one of the few architects to link anti-bourgeois affronts with commitment to the ultra-fast modernization tempo set by the big cities. But his example did not catch on. The mere fact that Paris was no longer an artistic capital after the Second World War indicates that the avant-garde had long since found other places it would rather be in. And first and foremost came the architects, who after they saw an end to their politicization turned their backs on the big cities and started to build housing estates in the country, designed following the anti-urban recipes of the Charter of Athens.[6] And they did this even though they had spoken out emphatically for modern technology and the industrialization of building and wanted to heed Le Corbusier's warning that they should learn from the engineers. But the master himself did not take his own advice, and turned a deaf ear to Sant'Elia's demand for applying the dynamics of the city to building.[7] The traditional constitution of the architects' métier, frozen into immobility in the millennia in which man became settled, had become too much second nature.

Concrete pressure for rationalization in the cities may well have been leading to an increasing need for a modern kind of »entertainment art«, precisely because it submitted itself to the rules of this rationalization, but in contrast with this, slower progress in the provinces made room for an »avant-garde art« that wanted to be modern by doing the opposite and rejecting instrumental reason.[8] The protagonists of Neues Bauen, although the majority of them were rationalists, decided on the same strategy after they had agreed to draw a line under 19th-century urban culture. Gottfried Semper's delight in big-city carnival frenzy and colourful masquerades, still echoed in Otto Wagner and Jugendstil, was transmuted into undisguised hatred of any form of ornamentation and dressing in the next generation. The decorated façade, that emblem of urban architecture, was declared immoral and unaesthetic, citing Adolf Loos as authority.

The provinces were and are the breeding-ground for an intelligentsia whose rigorous ethics threatened to go under in the turbulence of the big cities. The avant-garde wanted to cut the Gordian knot tied by pulsating metropolitan life with a single stroke to free an existence that threatened to become increasingly unmanageable and contradictory from the slag it had accumulated in a cleansing bath of aesthetic austerity, clarity and truth. From the point of view of modern architecture, urban culture seemed ugly, unhygienic and mendacious. And so they all went off to cruise the Mediterranean and learn how to be afraid of the chaos of the big cities.[9] These horrific places were to be tidied up and restructured according to function – horrific because social contrasts were particularly marked here, the emissions from stinking factories particularly pathogenic and the criminal element particularly bloodthirsty. The cities were an authentic product of Modernism, and it is precisely for this reason that the reformers criticized them so sharply.

And now of all times, when Modernism was no longer just tolerated and its darker side exploited in literature, but was being accepted as a viewpoint by people who were actively interested in building a new society, many artists, architects and intellectuals no longer saw the cities as places for human progress and high culture, but as breeding-grounds for de-sublimization and the rapid satisfaction of desire. What is true here is that consumption and amusement are the inexpensive comfort that big cities grant excessively to their citizens who are suffering under enormous pressure to conform for as long as they can show that they

5 The intention here is not to play the tolerance of urban Modernism off against the »merciless« avant-garde. The latter seem intolerant because of their uncompromising programme, but this is more a kind of »anti-tolerance«. Tolerance does not just mean that we should order our existence according to the motto »live and let live«, it also points out that we do not permit ourselves most of the things we tolerate in others. Tolerance is an essential virtue for city-dwellers who are permanently confronted with strange people, manners and customs. What would be avant-garde would be to integrate these alien qualities. This is where the concept of acceptance comes in. Accepting alien behaviour certainly creates more understanding and closeness than prescribed tolerance.

6 The »Arbeitsrat für Kunst«, from which the »Novembergruppe« split off in 1918, stands for the politicization of the architects working in Berlin. Both associations had painters, sculptors and musicians as members as well. The »Novembergruppe« was still urban enough to organize a joint exhibition in Rome with Filippo Tommaso Marinetti in 1920. It was disbanded by the Nazis in 1933. »Der Zehnerring« had been founded earlier as a purely architectural association, and »Der Ring« emerged from this in 1926. Development from the »Arbeitsrat für Kunst« to CIAM tracks the gradual de-politicization of the avant-garde, which was accompanied by an increasingly anti-urban frame of mind. In the end Walter Gropius and Mies van der Rohe built small-town housing estates à la Dammerstock, Törten and the Weißenhof, while Ernst May planned idyllic garden cities in the Nidda valley.

7 Sant'Elia and Marinetti formulated the manifesto for Futurist architecture in 1914: »We must invent and rebuild *ex nuovo* our modern city like an immense and tumultuous shipyard, active, mobile and everywhere dynamic, and the modern building like a gigantic machine. Lifts must no longer hide away like solitary worms in the stairwells, but the stairs – now useless – must be abolished; and the lifts must swarm up the façades like serpents of glass and iron.« (Quoted from: William J. R. Curtis, *Modern Architecture since 1900*, Oxford, 1982, p. 73.) Eight years later Le Corbusier put a brake on the temperament of Italian Futurism in *Vers une Architecture* with his famous formula: »Architecture is the masterly, correct and magnificent play of masses brought together in light.« This set the scene for replacing urban dynamics with contemplating architectural quality.

8 This is precisely the connection that Rem Koolhaas was trying to tell us about when in *Delirious New York* (1978) he contrasted the know-all avant-garde of the European provinces with the immoral phantasmagoria of Manhattan. (For this cf. Gerd de Bruyn, *Fisch und Frosch oder Die Selbstkritik der Moderne*, Basel, Boston and Berlin, 2001, pp.146 ff.)

9 This of course refers to CIAM IV, whose subject was »The functional city«, and took place in summer months of 1933 on board the ship *Patras II*.

andererseits, der durch Gebäude und Landschaft hindurch strömen und den Gegensatz zwischen Architektur und Landschaft, Innen und Außen, Privatheit und Öffentlichkeit aufheben sollte.[11]

Die Profilierung moderner Baukörper zu ästhetisch autonomen Gebilden ging einher mit der zunehmenden Transparenz und Porosität der Gebäudehaut. Auch das Haus, dem dieses Buch gewidmet ist, ist von dieser Idee erfüllt, obschon es sich von außen so verschlossen zeigt. Durchlässigkeit ist bei ihm keine Frage großer Fensterflächen und aufgerissener Fronten. Sie läßt sich viel eher als die Auftrennung der gesamten »Nähte« des Gebäudes beschreiben. Überall dort, wo die Wandelemente, aus denen das Bauwerk besteht, aufeinandertreffen, klaffen Ritzen und Schlitze. Durch sie quillt am Tage reichlich Sonnenlicht ins Innere und bei Nacht der Schein der Glühlampen nach außen. Der Gestus des Öffnens und Schließens ist im ganzen Gebäude ständig spürbar. Der Besucher fühlt sich einer rhythmischen Verengung und Aufweitung des Raumes ausgesetzt, in deren Sog er sich durch das Haus bewegt – von unten nach oben, wobei es immer heller und sonniger wird. Diese mitreißende Bewegung zum Licht, diese Dynamisierung des Raumes und ihr synthetischer Effekt, das Getrennte immer auch als Vereintes zu präsentieren, verdienen im besten Sinne avantgardistisch genannt zu werden.

Selbstverständlich steht auch dieses Haus in der Provinz. Versuchen wir daher hier die These dieses Textes zusammenzufassen: Die urbane Kultur hat zweifellos einen Hauptbeitrag zur Ausbildung der modernen Lebenswelt geleistet. Doch blieb dieser Beitrag nicht unumstritten. Modernisierungsprozesse garantieren nun mal keine gerechte Verteilung des technischen und humanen Fortschritts, den sie versprechen. Die Avantgarden, die diesen Umstand kritisch reflektierten, glaubten den Kältehauch der Moderne am deutlichsten in den Städten verspürt zu haben. Also zogen sie sich in die Provinz zurück, um die Idee einer »versöhnenden Moderne« zu konzipieren, die den Widerspruch von Kultur und Natur, Kunst und Alltag, Kopf- und Handarbeit, Stadt und Land, Armut und Reichtum auflösen sollte. Gelehrt wurde diese »bessere« Moderne in Reformschulen, gelebt in utopischen Gemeinschaften und propagiert in einer Vielzahl gemalter, gedichteter und gebauter Manifeste. Zu den bedeutendsten dieser einzigartigen Manifestationen einer ästhetisch und ethisch hochambitionierten Baukunst zählt Johannes Peter Hölzingers Wohnhaus.[12]

Der zweite Anlauf

Selbstverständlich war es nie der Ungeist der Provinz gewesen, der die Avantgarden anzog, sondern es waren ihre »topographischen« Vorzüge. Desgleichen ihre Abgeschiedenheit und ihre Nötigung zum Verzicht. Neigt die Metropole zu Verschwendung und Protzerei, bekennt sich die Provinz zur Sparsamkeit. Sinnenfreudig und ausgelassen ist nicht der Provinzbürger, sondern die Landbevölkerung. Und ebenfalls das enteignete und verarmte Landvolk, das in die Städte floh. Erst mit ihm bildete sich die moderne Kumpanei von Amüsement und urbaner Kultur aus. Jetzt erst versprach es zu einem profitablen Geschäft zu werden, daß zahlungswillige Massen nach getaner Arbeit zerstreut werden wollten. Ihre Vorfahren waren aus dunklen Ställen in die barocke Pracht der Kirchen geflohen. Doch das Großstadtproletariat strömte aus lärmenden Fabriken in nicht weniger laute Revuen und Themenparks, die ihren Träumen nach Verausgabung reiche Nahrung geben sollten.

Daß Lärm mit Lautstärke und Hektik, mit Schnelligkeit vergolten werden sollte, rief natürlich die Kritiker auf den Plan. Zornig verurteilten sie die Produktion von schönem Schein und die Betonung schriller Oberflächen. Doch gibt es keine Reklameordnung, die von modernen Planern ausgeheckt wurde, der es gelang, die in den Metropolen ausufernde Warenästhetik einzudämmen. Um so mehr rückte die Abschaffung einer Großstadtkultur, die ihre Abende nach dem Lustprinzip gestaltet, auf der Agenda der modernen Architekten ganz nach oben. Tony Garniers berühmte *Cité industrielle* demonstriert diesen Sachverhalt mit der Macht des großen Vorbilds, an dem kein ambitionierter Planer vorbeikam. Im Zentrum dieser modernen Idealstadt finden sich ausschließlich Bildungseinrichtungen: politische Versammlungssäle, ein Theater, eine Kunstgalerie, eine Bibliothek und ein historisches Archiv. Auch für großzügige Sportanlagen ist gesorgt, doch gibt es keinen Hinweis auf Vergnügungsstätten und Amüsierviertel. Kein einziges Filmtheater ziert diese Stadt, die als Zuhause für hart malochende Stahlarbeiter gedacht war.[13]

Offensichtlich begünstigte die avantgardistische Idee der Versöhnung von Kunst und Alltag eine Provinzialisierung urbaner Kultur. Sie tritt uns in den geschriebenen und gezeichneten Manifesten als moralisch gesäuberte »künstliche Moderne künstlicher Menschen« entgegen, die der in den Großstädten existierenden »konkreten Moderne« konkreter Menschen als leuchtendes Vorbild dienen sollte – als heilige Stadt Zion.[14] An dieser Gegenüberstellung änderte sich auch nach dem Zweiten Weltkrieg nichts. Beide Ausformungen der Moderne – die reale und die sich dagegen aufbäumende artifizielle – erlebten ihre Fortsetzung und ebenso die Selbstkritik der Moderne, die den Finger in die Wunde jener entfesselten Rationalisierungsprozesse legte, die das Neue Bauen in einen menschenverachtenden »Bauwirtschaftsfunktionalismus« hineintrieben. Mit den Kahlschlagsanierungen der sechziger und siebziger Jahre, denen mehr alte Bausubstanz zum Opfer fiel als dem Bombenkrieg, wurden die kritischen Stimmen immer lauter, die den Architekten eine sinnenfreudigere Ästhetik abverlangten. Vor allem wurde die Berücksichtigung konkreter Lebensbedürfnisse eingeklagt und eine bis heute andauernde Partizipationsdebatte ausgelöst.[15]

Während diese Debatte und der mit ihr einhergehende Ruf nach Demokratisierung der Planung Auswüchse und Bestandteile urbaner Kultur sind, entzündete sich in der Provinz eine neue Avantgarde am Anspruch auf Reintegration der Kunst in die Architektur. Die alte Forderung der Überführung von Kunst in Lebenspraxis war in der Dogmatisierung der modernen Bewegung untergegangen. Es galt einen neuen Anlauf zu nehmen, wobei die Anverwandlung von Kunst und Alltag nicht länger durch ein Weniger, sondern durch ein Mehr an Ästhetik gelingen sollte. Selbstverständlich war mit dem Primat des Ästhetischen keine Reaktualisierung einer allmächtigen Künstler-Subjektivität und ebensowenig die Wiederherstellung des traditionellen Werkcharakters der Kunst beabsichtigt. Auch die neue Avantgarde intendierte eine Versöhnung, in deren Zentrum die Veränderung gesellschaftlicher und ästhetischer Praxis stand. Hierzu trachtete man das Publikum aus seiner passiven Rezeption zu reißen und zu einem ästhetischen Verhalten anzuleiten, in dem sich die neue Kunst und die neue Architektur erst vollenden sollten.

[11] In vollendeter Anschauung ist die Öffnung der Gebäude und das Eindringen des Landschaftsraums in ihr Inneres auf den Plänen Mies van der Rohes zu studieren. Die Grundrisse zeigen keine geschlossenen Fassaden mehr, keine klar umgrenzten Zimmer. Wände werden zu unverbundenen Strichen, wie sie Mies in den Zeichnungen El Lissitzkys und der De-Stijl-Künstler kennengelernt hatte. Überdeutlich werden diese Anleihen in seinem Grundriß für ein nicht realisiertes Landhaus aus Backstein in Neubabelsberg (1923) und selbstverständlich auch im Barcelona-Pavillon (1929).

[12] Um die »einsamen« Standorte nur weniger Ikonen der modernen Architektur in Erinnerung zu rufen: Frank Lloyd Wrights berühmte Präriehäuser wurden in Ortschaften wie Kankakee, Springfield oder River Forest erbaut. Le Corbusiers Villa Savoye (1928/29) steht in Poissy, Hans Scharouns Haus Schminke (1933) in Löbau, Alvar Aalto baute die Villa Mairea (1938/39) bei Noormarkku »in einer aus dem Föhrenwald gehauenen Lichtung auf der Höhe eines Hügels, unweit der Küste«, und Mies van der Rohes Farnsworth House (1945–50) hält sich in den dichten Wäldern von Illinois versteckt.

Die Abgeschiedenheit solcher Standorte unterstützte die Idee, Gebäude als frei stehende autonome Körper zu konzipieren, die in letzter Konsequenz von allen Seiten, also auch von unten und von oben, zu betrachten und zu begehen sein sollten. Aus diesem Grund stellte Le Corbusier seine Bauten auf Stützen und versah sie mit einem Dachgarten.

[13] Tony Garnier konzipierte die *Cité industrielle* um die Jahrhundertwende, als die Filmtechnik noch in den Kinderschuhen steckte, doch hatte er kontinuierlich an seiner Stadtutopie weitergearbeitet, bis er sie 1917 veröffentlichte. Spätestens zu diesem Zeitpunkt hätte er aufgrund seines Anspruchs, der Öffentlichkeit eine kompromißlos moderne Stadt zu präsentieren, einen Filmpalast einplanen müssen. Immerhin war in Frankreich nach der Pionierarbeit der Brüder Lumière eine florierende Filmindustrie entstanden, die rührselige Melodramen, Komödien, aber auch sozialkritische Stoffe verfilmen ließ – was ja bestens in Garniers Konzept gepaßt hätte!

[14] Wörtlich heißt es bei Loos: »Seht, die zeit ist nahe, die erfüllung wartet unser. Bald werden die straßen der städte wie weiße mauern glänzen! Wie Zion, die heilige stadt, die hauptstadt des himmels. Dann ist die erfüllung da.« (Adolf Loos, *Trotzdem 1900–1930*, Wien 1982, S. 80.) Adorno reagierte auf diese Prophezeiung in seinem Vortrag »Funktionalismus heute« (1965) mit der Rehabilitierung der Avantgarde: »Menschenwürdige Architektur denkt besser von den Menschen, als sie sind; so, wie sie dem Stand ihrer eigenen, in der Technik verkörperten Produktivkräfte nach sein könnten.« (Theodor W. Adorno, *Ohne Leitbild. Parva Aesthetica*, Frankfurt am Main 1973, S. 120.)

[15] Siehe hierzu das Kapitel »Plädoyer für eine demokratische Planungskultur«, in: Gerd de Bruyn, *Die Diktatur der Philanthropen. Entwicklung der Stadtplanung aus dem utopischen Denken*, Braunschweig und Wiesbaden 1996, S. 259–272.

[10] Adolf Rading, Hans Scharoun's practice partner, wrote in 1929: »Our buildings rise from an environment of soil, flowers, trees and water, they open up to air and sun, they are simple in this sense, not in the technical sense. They are part of nature, and cannot be detached from their context.« (Quoted from Klaus Kürvers, »Hans Scharoun und der Entwurfsprozeß zum Haus Schminke«, in: Max Risselada et al., ed., *Funktionalismus 1927–1961. Hans Scharoun versus de Opbouw*, Sulgen, Switzerland, 1999, p. 77.)

[11] The perfect demonstration of a building being opened up and the outdoor space thrusting into its interior is to be found in Mies van der Rohe's plans. The ground plans no longer show closed façades, no clearly defined spaces. Walls become line that are not joined up, of the kind that Mies was familiar with from drawings by El Lissitzky and the De Stijl artists. These borrowings are blatantly present in his ground plan for an unbuilt country house in brick in Neubabelsberg (1923) and of course in the Barcelona Pavilion (1929) as well.

[12] As a reminder of the »isolated« sites of just a few icons of modern architecture: Frank Lloyd Wright's famous prairie houses were built in locations like Kankakee, Springfield or River Forest. Le Corbusier's Villa Savoye (1928/29) is in Poissy, Hans Scharoun's Schminke House (1933) in Löbau, Alvar Aalto built the Villa Mairea (1938/39) near Noormarkku »in a clearing cut out of the pinewoods at the top of a hill, not far from the coast«, and Mies van der Rohe's Farnsworth House (1945–50) is hidden away in the dense forests of Illinois.

The remoteness of these sites supported the idea of conceiving buildings as free-standing, autonomous bodies, ultimately and logically to be seen and accessed from all sides, from above and below as well. This is why Le Corbusier put his buildings on stilts and gave them roof gardens.

[13] Tony Garnier conceived the *Cité industrielle* at the turn of the century when film technology was still in its infancy, but he continued to work on his urban utopia until he published it in 1917. Then at the latest he had to plan a film palace, because of his claim to be offering the public an uncompromisingly modern city. After all, France now had a flourishing film industry after pioneering work by the Lumière brothers, making sentimental melodramas, comedies, but also socially critical material – which would have suited Garnier's concept particularly well!

are able to pay. Urban culture was always modern and post-modern at the same time: more ironic than serious, vicious than virtuous, colourful than monochrome, extravagant than thrifty. Leisure promises boredom, and also finger-wagging lectures. Pleasure-seeking city-dweller love grandiose spectacle and exciting scandals more than any truth.

In contrast with this, the provinces offered enough room for presenting and recognizing the essential core of architecture. The cities turned out to be far too cramped for this. Almost insultingly cramped for buildings on which no shadow was to fall. They wanted to be liberated from the narrow gorges of the city streets to be placed in the light of Mediterranean landscapes, as isolated bodies, »honestly« constructed. Such landscape are the screen on to which the relationship between nature and culture is to be projected, because this it what it was all about in the first place: man's artefacts were to draw their reforming strength and legitimacy from their proximity to a nature that had not yet submitted to »misguided« process of civilization. For this reason alone Frank Lloyd Wright, inspired by Walt Whitman and the European Romantics, wandered into the wide-open prairies to lay the foundation-stone for modern architecture.

And the Europeans were making an effort to set up a new dialogue with the landscape as well. Here architectural space was to be excluded from city regulations and set in fluent motion. The built artefact, its sharp edges standing out clearly and distinctly against the organic forms of the landscape, was to be reconciled with these forms by a spatial concept that once again blurred the boundaries between the two spheres. The staged difference was a trick: it made it possible to present the drama of synthesis – the marriage of architecture and nature – even more emphatically.[10] This led to a fascinating dialectic of rationalistic buildings that distanced nature on the one hand and the idea of infinitely flowing space on the other, intended to stream through buildings and landscapes and cancel out the contradiction between architecture and landscape, inside and outside, private and public.[11]

Modern buildings' rise to the status of aesthetically autonomous structures went hand in hand with the increasing transparency and porosity of their outer skins. The house that is the subject of this book is also imbued with this idea, even though it looks so closed from the outside. In its case, permeability is not about large window areas and open façades. It is much better to say that it is achieved by unpicking all the building's »seams«. There are yawning cracks and slits at every point where the building's wall elements meet. In the daytime, sunshine pours in through them, and at night the lamps shine out through them. The gesture of opening and shutting can be sensed constantly throughout the building. Visitors feel themselves exposed to a rhythmic narrowing and widening of the space, and this draws them through the house – from bottom to top, and it gets lighter and sunnier all the time. This movement towards the light that draws us on with it, this dynamization of the space and its synthetic effect of always presenting things that have been separated as a unity deserves the name avant-garde in the best sense.

Of course this house is in the provinces as well. So let us try to sum up what this essay is trying to say: there is no doubt that urban culture has made a major contribution to shaping the modern world. But this contribution is not uncontroversial. Modernization processes do not guarantee a just distribution of the technical and human progress they promise. The avant-garde movements that reflected on this state of affairs critically thought that they felt the cold breath of Modernism most clearly in the cities. And so they withdrew into the provinces to work on the idea of a »reconciling Modernism« intended to resolve the contradiction between culture and nature, art and everyday life, mental and physical work, city and country, poverty and wealth. This »better« Modernism was taught in reform schools, lived out in utopian communities and propagated in a large number of painted, poetic and built manifestos. Johannes Peter Hölzinger's house is one of the most important of these unique manifestations of architecture that highly ambitious both aesthetically and ethically.[12]

The second attempt

Of course it was never the pernicious ideology of the provinces that attracted the avant-garde, but their »topographical« advantages. And also their remoteness and insistence on denial. If cities are inclined towards extravagance and showing off, the provinces are committed to thrift. It is not provincial citizens who are full of joie de vivre and exuberance, but the rural population. And also the expropriated and impoverished country folk who fled to the cities. It was only with them that the cheery modern mix of amusement and urban culture could come about. It was only now that it all promised to become a profitable business, that masses of people prepared to spend money were looking for distractions after they had finished work. Their ancestors had fled from dark stables into the Baroque splendour of the churches. But the metropolitan proletariat poured out of the noisy factories to revues and theme parks that were no less noisy, but fuelled its dreams of going too far.

The critics were soon brought on to the scene because the price of noise was volume, was a hectic pace, was speed. They angrily condemned producing superficial beauty and emphasizing garish surfaces. But modern planners have never come up with an advertising mode that could successfully stem the goods aesthetic that was bursting its banks in the big cities. And so getting rid of an urban culture that designed its evenings according to the pleasure principle came right to the top of the modern architects' agenda. Tony Garnier's famous *Cité industrielle* demonstrates this state of affairs with all the power of a great model that no ambitious planner could bypass. The centre of this modern ideal city contains nothing but educational facilities: political meeting halls, a theatre, an art gallery, a library and a historical archive. Provision is also made for generous sports facilities, but there is no mention of entertainment or amusement. Not a single cinema graces this city, which was intended to house hard-slogging steelworkers.[13]

Obviously the avant-garde idea of reconciling art and everyday life encouraged the provincialization of urban culture. We meet it in the written and drawn manifestos as a morally purified »artificial Modernism for artificial people«, intended to be a shining example for »concrete Modernism« for concrete people in the

Aus welchem Grund aber war schon wieder von Erneuerung die Rede? Hatten nicht die klassischen Avantgarden sämtliche Künste grundlegend reformiert? Weshalb also ein zweiter Anlauf? Eine Antwort hierauf lautet: Die moderne Kunst hatte ihren Stachel verloren und ebenso das Neue Bauen. Zwar blieb das große Publikum weiterhin auf Distanz, doch existierte eine Art gesellschaftlicher Konsens, der darauf hinauslief, allen Architekten, Künstlern und Kunstrichtungen, die von den Nazis als entartet denunziert worden waren, im Nachkriegsdeutschland gebührenden Platz einzuräumen und eine besondere Würdigung zukommen zu lassen. Diese stumme Verabredung gereichte der modernen Kunst nicht immer zum Vorteil. Nach der Zeit der Verfolgung sah sie sich plötzlich einer Wiedergutmachung gegenüber, die nicht nur ihre Aktualität und Bedeutung unterstrich, sondern ihre Restauration betrieb.

Auch die modernen Architekten, die sich in Deutschland mit der Unterstützung berühmter Kollegen, die emigriert waren, neu formierten, waren vom Wiederaufbau der zerstörten Städte stärker ausgeschlossen, als man denken mag. Ihre Konzepte machten Furore wie großartige Konzerte, allerdings verhallten sie auch wie diese. Mit der Wiederherstellung alter Stadtgrundrisse korrespondierte die Musealisierung der alten Avantgarde. Die höfliche Achtung, die ihr entgegengebracht wurde, kam einer Dressur gleich. Längst waren ihr die Zähne gezogen. Eine zutiefst konservative Gesellschaft hob sie aufs Podest oder wies ihr einzelne prominente Bauaufgaben zu. Alles andere blieb beim alten. So entpuppte sich die Stunde Null als Chimäre. Im Rückblick scheint es, als habe es eine unbewußte Kollaboration gegeben zwischen einer Gesellschaft, die ihre Unfähigkeit zur Trauer im Wirtschaftswunder verdrängte, und einer Kunst, die sich aus der Geschäftigkeit des Alltags völlig zurückgezogen hatte, um dort ungestört ihren Beitrag zur Vergangenheitsbewältigung zu leisten.

Zwar ließ sich Ludwig Erhard von Sep Ruf einen modernen Kanzlerbungalow bauen, wie um zu beweisen, daß sich die Modernisierung der Bundesrepublik ohne Unterschied auf Politik, Wirtschaft und Kultur bezog. Die Wirklichkeit aber zeigte, daß Alltag und Kunst selten krasser auseinander klafften. So darf es nicht wundern, daß eine neue Generation – die in den zwanziger und dreißiger Jahren Geborenen – beabsichtigte, eine zweite »Stunde Null« einzuläuten. Ende der fünfziger Jahre war es schließlich soweit: Die Gruppe Zero wollte den durch zwei Weltkriege desillusionierten Deutschen den Weg in eine bessere Moderne zeigen. Die Zeit des Existenzialismus und der Buße wurde für beendet erklärt. L'art pour l'art, Trauer, Technikschelte und Kapitalismuskritik sollten einem neuen Idealismus und Fortschrittsoptimismus weichen. Die Kunst sollte aus ihrem goldenen Käfig befreit werden und der Künstler wieder ein Reformator sein.

Man hatte die ernüchternde Erfahrung gemacht, daß in »geschlossenen« Räumen – in Galerien und Museen, auf Konzert- und Theaterbühnen – vieles erlaubt war, da es dort ein Publikum gab, das einen Zusammenhang sah zwischen der von den Siegermächten oktroyierten Demokratie und der nach Deutschland zurückgekehrten modernen Kunst. Die »Zwölftöner« in der Musik und die »Abstrakten« in der Malerei präsentierten eine Ästhetik, die als politisch korrekt galt, obschon sie den meisten Menschen immer noch unzugänglich und fremd war. Genau das ist ja der Grund, weshalb die reimportierte Moderne den nachwachsenden Künstler-Generationen nicht mehr geheuer war. Sie machten die Erfahrung, daß die Bevölkerungsmehrheit mit der modernen Kunst nur dann in Berührung kam, wenn sie aus den Museen in den öffentlichen Raum auswanderte. Dort vor allem bot sich die neuerliche Chance des Skandals und der Einwirkung auf die Gesellschaft.

Immer noch ging es den Jungen um die große Synthese: um eine Kultur und Natur versöhnende Alltagsästhetik, die das moderne Leben grundlegend reformieren sollte. Weiterhin hatten sie ihre Wurzeln in der Provinz und standen dem heterogenen Charakter des Städtischen skeptisch gegenüber, doch erschloß sich ihnen mit dem erwachenden Interesse für den öffentlichen Raum ein Thema, das einen positiven Zugang zur urbanen Kultur bereithielt. So waren es denn vor allem zwei Aspekte, die die neuen Avantgarden – lange Jahre vor den Studentenunruhen! – beflügelten: eine Repolitisierung und Entmusealisierung der Kunst, die erste schüchterne Annäherungsversuche an die Stadt erlaubte, sowie die Entwicklung einer Ästhetik, mit der sich ein optimistischer Aufbruch aus einer schuldbeladenen Vergangenheit verbinden ließ.

Die Zero-Künstler wollten nicht länger die »schwarze Milch« einer Generation trinken, aus deren Köpfen sich die Gespenster des Krieges und die grausamen Bilder von Gaskammern und Massengräbern nicht mehr verjagen ließen.[16] Eine Kunst der dunklen Farben, lauten Anklagen und expressiven Ausdrucksgebärden war ihre Sache nicht. Mit ihrer stillen Begeisterung für die ephemere Wirkung des Lichts, für seine reinigende Kraft und Klarheit, hoffte die neue Avantgarde stellvertretend für die erdrückende Last einer mörderischen Geschichte wenigstens das abschütteln zu können, was der Kunst als überflüssiger Ballast aufgebürdet schien: das Stoffliche. Hierbei wußten sie sich im Widerspruch zu denen, die sich für den überwältigenden Eindruck »materialgebundener Masse« ausgesprochen hatten.[17] Was sie aber nicht wußten, war, daß sie sich in den Fußstapfen Gottfried Sempers bewegten, der als erster die »Vernichtung des Stofflichen« als wesentliches Ziel aller »großen wahren Meister der Kunst« theoretisiert hatte.[18]

Auch Zero beabsichtigte die restlose Vernichtung des materiellen Charakters der Kunst. Wie sich der Schlachter das Blut von den Fingern wäscht, so wollte man die neue Malerei von den häßlichen Schlacken ihrer Produktion befreien. Sie sollte ihre Materialität und die Tatsache ihrer Herstellung transzendieren und leicht und rein sein wie ein Gedanke oder Lichtstrahl. Ein Zuviel an Farben, Linien und Formen war verpönt, ebenso geballter Inhalt und übertriebene Absichten, die sich störend vor das Bilderlebnis schieben – kurzum: Alles Hypertrophe, das der traditionellen Ästhetik, den Produkten der Unterhaltungsindustrie und zum Teil noch der modernen Kunst anhaftete, sollte für immer von den Zero-Objekten abfallen. Zumal man sich hierbei in bester Gesellschaft wußte mit den Großmeistern der Reduktion und der Konzentration auf das Wesentliche: Piet Mondrian, Kasimir Malewitsch, Marcel Duchamp, Josef Albers, Man Ray, Naum Gabo, El Lissitzky und Laszlo Moholy-Nagy.

Die Künstler, die in Deutschland unter dem Namen »Zero« auftraten, hatten in den Niederlanden ihre Parallele in der Gruppe »Nul« und in Italien in der »Gruppo N«. In Frankreich hatten sich Künstler mit verwandten Zielsetzungen unter dem Namen Nouveau Réalisme zusammengefunden.[19] Daneben gab es eine Vielzahl von Sympathisanten,[20] und es gab die Vertreter der Op-Art – Ellsworth Kelly, Morris Louis, Kenneth Noland und Dan Flavin –, die im weitesten Sinne das amerikanische Pen-

[16] Paul Celan, dessen Familie von den Nazis umgebracht wurde und dem schließlich der Selbstmord als einziger Ausweg aus dem Grauen erschien, ließ seine berühmte *Todesfuge* mit den Versen beginnen: »Schwarze Milch der Frühe wir trinken sie abends/wir trinken sie mittags und morgens wir trinken sie nachts/wir trinken und trinken/wir schaufeln ein Grab in den Lüften da liegt man nicht eng.« (Paul Celan, *Ausgewählte Gedichte*, Frankfurt am Main 1970, S. 22.)

[17] Hans Henny Jahnn bekannte sich als Baumeister der Glaubensgemeinde von Ugrino zum Vorbild der Hünengräber und Dolmen. Zu ihrer Charakterisierung führte er an: »Wir müssen vom Rhythmus, sogar von der Raumbegrenzung (wir meinen im allgemeinen, sie sei das Wichtigste der Baukunst) absehen beim Betrachten dieser Werke; sie geben unverhüllt die Beziehungen zur materialgebundenen Masse. Es ist das Bekenntnis des Gefühls zum Stoff, es ist das primitiv elementare Muß zum Schaffen, es ist die Überwindung des Todes im lastenden Gebilde.« (Hans Henny Jahnn, *Werke und Tagebücher in sieben Bänden*, Bd. 7, Hamburg 1974, S. 158.)

[18] Gottfried Semper, *Der Stil in den technischen und tektonischen Künsten oder praktische Ästhetik*, Bd. 1: *Die textile Kunst*, Mittenwald 1977, S. 231.

[19] Zum besseren Überblick sind hier die Hauptvertreter der jeweiligen Gruppierungen aufgelistet:
Zero: Heinz Mack, Otto Piene, Günther Uecker,
Nul: Jan J. Schoonhoven, Henk Peeters, Armando,
Nouveau Réalisme: Arman, Yves Klein, Daniel Spoerri.

[20] »Sympathisanten« waren u. a.: Lucio Fontana, Jesus-Raphael Soto, Pol Bury, Jean Tinguely, Gotthard Graubner, Piero Manzoni, Jef Verheyen, Dieter Roth und François Morellet.

[14] Loos literally wrote: »Behold, the time is nigh, fulfilment awaits us. Soon the city streets will shine like white walls! Like Zion, the holy city, the capital of heaven. Then fulfilment will be there.« (Adolf Loos, *Trotzdem 1900–1930*, Vienna, 1982, p. 80.) Adorno responded to this prophecy in his lecture »Funktionalismus heute« (Functionalism today, 1965) with the rehabilitation of the avant-garde: »Architecture worthy of humans thinks better of people than they are; as they could be according to the status of their own productive forces, embodied in technology.« (Theodor W. Adorno, *Ohne Leitbild. Parva Aesthetica*, Frankfurt am Main, 1973, p.120.)

[15] For this see the chapter »Plädoyer für eine demokratische Planungskultur«, in: Gerd de Bruyn, *Die Diktatur der Philanthropen. Entwicklung der Stadtplanung aus dem utopischen Denken*, Braunschweig and Wiesbaden, 1996, pp. 259–272.

[16] Paul Celan, whose family were all killed by the Nazis and who finally committed suicide as the only way out of the horror started his famous *Todesfuge* (Death Fugue) with the lines: »Schwarze Milch der Frühe wir trinken sie abends/wir trinken sie mittags und morgens wir trinken sie nachts/wir trinken und trinken/wir schaufeln ein Grab in den Lüften da liegt man nicht eng.« (Black milk of the morning we drink it at evening/we drink it a noon and in the morning we drink it at night/we drink and drink/we dig a grave in the air and there were do not lie confined.) (Paul Celan, *Ausgewählte Gedichte*, Frankfurt am Main, 1970, p. 22.)

[17] Hans Henny Jahnn, as the master-builder for the Ugrino congregation expressed his commitment to the model of megalithic graves and dolmens. He wrote this about their character: »We have to look away from rhythm, even from spatial boundaries (generally we think this is the most important thing in architecture) when looking at these works; they show clear links with material-bound mass. It is a commitment to feeling about material, it is the primitively elemental imperative to create, it is the conquering of death in a structure that bears down.« (Hans Henny Jahnn, *Werke und Tagebücher in sieben Bänden*, vol. 7, Hamburg, 1974, p.158.)

[18] Gottfried Semper, *Der Stil in den technischen und tektonischen Künsten oder praktische Ästhetik*, vol. 1: *Die textile Kunst*, Mittenwald, 1977, p. 231.

city – the holy city of Zion.[14] And nothing changed about this confrontation after the Second World War either. Both forms of Modernism – the real one and the artificial one that was rearing up against it – continued. They were also prone to the self-criticism of Modernism that put its finger in the wound of the rationalization processes were unleashed and drove Neues Bauen into becoming a kind of »building industry functionalism« that despised human beings. More buildings fell victim to refurbishment by total demolition, as practised in the sixties, than to the air-raids, so the critical voices demanding a more sensual aesthetic from architects became ever louder. What was sued for above all was that the concrete needs of living should be taken into account, which triggered a participation debate that continues to the present day.[15]

This debate and the accompanying call for democratization are unfortunate consequences and components of urban culture. But a new avant-garde caught fire in the provinces, promoting the idea that art should become an integral part of architecture again. The old insistence on building art into practical life had disappeared as the modern movement became dogmatic. A fresh start had to be made: art would be successfully assimilated into everyday life through more aesthetics, not through less. Of course the primacy of the aesthetic was not intended to reintroduce massive artistic subjectivity, nor to restore art's traditional working character. The new avant-garde also intended a reconciliation, centring on changing social and aesthetic practices. To this end, attempts were made to wrest the public out of its passivity and lead it to a new aesthetic approach, the only way in which the new art and the new architecture could be perfected.

But why were people talking about renewal again? Had the classical avant-garde not fundamentally reformed all the arts? So why was a fresh start needed? One answer to this could be: modern art had lost its sting and so had Neues Bauen. Certainly the public at large still kept its distance, but there was a kind of social consensus that inclined towards according appropriate space in post-war Germany to all the architects, artists and art movements the Nazis had denounced as degenerate, acknowledging them especially. This silent agreement was not always to the advantage of modern art. After the period of persecution it was suddenly faced with reparations that not only underlined its topicality and significance but also sought to restore it to its former status.

And the modern architects who came back to the fore in Germany with the support of former colleagues who had emigrated were more powerfully excluded from rebuilding the damaged cities than one might think. Their concepts unleashed a furore like magnificent concerts, but it died down in just the same way. The restoration of old urban ground plans corresponded with the imposition of museum status on the old avant-garde. The polite attention that was paid to them was rather like a kind of dressage. Their teeth had long since been drawn. A profoundly conservative society placed them on a pedestal or allotted them prominent but isolated building contracts. Everything else remained as it had always been. And so zero hour turned out to be something of a chimera. In retrospect it seems as though there was an unconscious collaboration between a society that suppressed its inability to mourn in the economic miracle, and art that had withdrawn completely from everyday bustle to a place where it could be undisturbed and help to come to terms with the past.

It is certainly true that Ludwig Erhard commissioned a modern chancellor's bungalow from Sep Ruf, as if to prove that the modernization of the Federal Republic applied equally to politics, economics and culture. But reality showed that everyday life and art had seldom been so far apart. And so it should not be surprising that a new generation – born in the twenties and thirties – intended to ring in a second »zero hour«. And this came about by the late fifties: the Zero group wanted to show the Germans, disillusioned by two world wars, the way towards a better Modernism. The period of Existentialism and atonement was pronounced over. Art for art's sake, mourning, attacks on technology and criticism of capitalism should make way for a new idealism and optimism about progress. Art should be released from its golden cage and artists should become reformers again.

People had been through the sobering experience that much was allowed in »closed« rooms – in galleries and museums and on theatre stages – because there was a public there that saw a connection between the democracy imposed by the victorious powers and the modern art that had come back to Germany. The »twelve-toners« in music and the »abstracts« in painting presented an aesthetic that was considered politically correct, even though it was still inaccessible and alien to most people. And that is precisely why the younger generation of artists could not come to terms with reimported Modernism. They found out that the majority of the population only came into contact with modern art when it left the museums and moved out into public spaces. Here above all there was a new chance to create a scandal and make an impact on society.

The young artists were still looking for the great synthesis: an everyday aesthetic that would reconcile culture and nature and thus reform modern life fundamentally. Furthermore they had their roots in the provinces and were sceptical about the heterogeneous nature of anything urban, but with the wakening interest in public space they found a topic that offered positive access to urban culture. So there were two aspects above all that inspired the new avant-garde – years before student unrest! These were a repoliticization and de-musealization of art that allowed the first shy approaches to the city, and the development of an aesthetic that could be connected with an optimistic escape from a guilt-laden past.

The Zero artists were no longer prepared to drink the »black milk« of a generation that could not get the cruel pictures of the ghosts of the war and the cruel images of gas chambers and mass graves out of their heads.[16] They were not interested in an art of dark colours, loud accusations and expressive gestures. With their quiet enthusiasm for the ephemeral effect of light, for its purifying power and clarity, the new avant-garde hoped that it would at least be able to get rid of not the oppressive burden of a murderous history, but something that seemed to have been piled on to art as unnecessary ballast: materiality. Here they knew that they were at odds with those people who had spoken out for the overwhelming impression of a »material-bound mass«.[17] But what they didn't know was that they were following in Gottfried Semper's footsteps. He was the first to formulate the theory of the »destruction of material quality« as the essential aim of all »great and true masters of art«.[18]

dant zu Zero bildeten. Allerdings sollen damals so gut wie keine Kontakte zur Kunstszene in den USA bestanden haben. Statt dessen lernte Heinz Mack[21] sehr früh schon Jean Tinguely und Yves Klein kennen. Letzterer wurde zuerst in Deutschland bekannt, nicht in Paris. Von Alfred Schmela gefördert, stiegen er und die Italiener Lucio Fontana und Piero Manzoni zu den wichtigsten Identifikationsfiguren der Zero-Bewegung auf.

Im Herbst 1957 wurde bei einem Gespräch zwischen Heinz Mack und Otto Piene[22] das Wort »Zero« geboren. Die beiden hatten damit begonnen, in Düsseldorf die legendären »Abendausstellungen« zu organisieren. Aus Anlaß der siebten mit dem Titel *Das rote Bild* erschien 1958 das Katalogheft *Zero 1* mit Beiträgen von Yves Klein, Mack und Piene. In diesem Jahr lernte man auch Günther Uecker kennen, der aber erst 1961 zur Gruppe stieß. Zur gleichen Zeit schloß sich ihr auch Hermann Goepfert an.[23] Er stammte aus dem hessischen Bad Nauheim, einer kleinen Kurstadt mit bemerkenswerten Kuranlagen aus der Zeit des Jugendstils. Sein Kunststudium hatte er an der Frankfurter Städelschule absolviert, wo er den zehn Jahre jüngeren, ebenfalls aus Bad Nauheim stammenden, Johannes Peter Hölzinger kennenlernte, der bereits in jungen Jahren in die Architekturklasse von Johannes Krahn aufgenommen worden war.

Goepfert »malte« am Ende seines Studiums – nachdem er seine rote, schwarze und graue Phase durchlaufen hatte – weiße Reliefbilder, die von fern an Lucio Fontanas Leinwandschnitte erinnern. Das Licht und sein Schattenwurf spielen die Hauptrolle in Bildern, die sich im Laufe der Jahre zu kinetischen Objekten verselbständigten. Von ihnen behauptete er, sie stünden in unlösbarem Zusammenhang mit der Wellennatur des Lichts. Was immer man davon halten mag – sicher ist, sie standen im innigsten Kontakt zu einem Publikum, das sie zur aktiven Rezeption aufforderten. Goepfert notierte hierzu: Da »der Künstler nur mehr für das Prinzip als Autor zeichnet, delegiert er für das einzelne Stück (!) letzte Entscheidungen an den Betrachter«.[24] Das ist ein in seiner Bedeutung kaum zu überschätzender Satz. Er macht uns deutlich, wie sehr die neue Avantgarde dazu beitrug, daß Ende der sechziger Jahre die Figur des Autors in der französischen Kunsttheorie einer gründlichen Revision unterzogen werden konnte. Der Autor wurde in einer Weise entmachtet, die auch Goepfert vorschwebte, als er seine Künstlerschaft auf das Prinzip reduzierte und seine Werke beinahe abfällig zu »Stücken« deklarierte, deren ästhetische Bedeutung durch den Rezipienten entschieden werden sollte.

Sogar in der Ermächtigung des Betrachters zum Koautor des Künstlers schwingt etwas Abschätziges mit, wenn dieser nüchtern als »Kunstverbraucher« bezeichnet wird. So hätten wir also einen Künstler, der sich zum »Kunsterzeuger« relativiert und wichtige Entscheidungen über die Wirkung seiner Objekte kurzerhand delegiert; und wir haben einen »Kunstverbraucher«, der in engste Nachbarschaft zu denen gerät, die im Architektenjargon schlicht »Nutzer« heißen. An diesem Punkt konnte die neue Avantgarde nichts mehr davon abhalten, die Grenze zwischen Architektur und Kunst vollends einzureißen. Zumal ja nicht nur der Kunstbetrachter und Nutzer eines Gebäudes im Begriff des Verbrauchers zusammenfallen, sondern auch Bauwerk und Kunstwerk im Begriff des Objekts nicht länger auseinanderzuhalten sind.

Es ist nachgerade frappierend, wie selbstverständlich Zero die emphatische Idee einer immateriellen Lichtkunst mit nüchternen Vorstellungen über den Objekt- und Verbrauchscharakter der Kunst zu verbinden verstand. Man könnte auch sagen: Endlich hatte die Avantgarde alles alte Pathos von sich abgeworfen. Nun erst konnten höchste ästhetische Ambitionen und ein zur Idiosynkrasie gesteigertes Form- und Farbempfinden mit Alltagshandeln verknüpft werden, ohne endlose Debatten über den Unterschied von freier und angewandter Kunst auszulösen, oder dem Verdacht des Kunstgewerbes zu verfallen. Die Zeit war reif: Architektur und Kunst schienen zu einer Synthese aufgerufen, die nicht länger unter der Hand vollzogen werden mußte.

1965 gründeten darum Goepfert und Hölzinger die »Planungsgemeinschaft für neue Formen der Umwelt« mit Sitz in Bad Nauheim.[25] Der eine fühlte sich zur Architektur aufgerufen durch emanzipierte Rezipienten, die ihm seine Objekte entwenden und aktiv »benutzen« sollten, und der andere sah sich umgekehrt zur Kunst aufgefordert, weil er seine Bauten vor einem geist- und phantasielosen Gebrauch schützen wollte. Trotz der engen Verknüpfung und strategischen »Verwechslung« ihrer Disziplinen ersetzten sie den emphatischen Begriff der Synthese durch das sachlichere Wort Integration und formulierten: »Wir haben uns zur Aufgabe gestellt, Landschaft, Wohnen, Gemeinschaft, Straße mit künstlerischen Mitteln zu untersuchen, d. h. wir sehen in unserer Arbeit nicht das Produkt des Architekten, in welches der Künstler seine Arbeit mehr oder weniger gut integriert, sondern verstehen Integration so, daß aus einer gemeinsamen künstlerischen Verhaltensweise und in Reflexion auf alle Umweltfaktoren, die optischen wie die geistigen, ein gemeinsames Ganzes entsteht, wobei sich die Grenzen des Einzelmieters aufheben.«[26]

Für die gemeinsame Arbeit wurde ein Grundvokabular aus den Elementen Winkel, Welle, Halbschale und Spirale entwickelt, das zweierlei bewirken sollte: Zum einen glaubten Goepfert und Hölzinger mit Hilfe ihres bildnerischen Denkens, das der Intuition vertraute, auf Strukturen gestoßen zu sein, die sowohl den Erscheinungen der Natur als auch den Formen der Kultur- und Kunstgeschichte zugrunde liegen. Damit war ein wesentliches Gebot der Avantgarde, die Versöhnung von Kultur und Natur, bereits durch die Gestaltungselemente erfüllt, derer man sich im Prozeß der Formfindung bediente. Man könnte auch sagen: Schon das Vokabular garantierte, daß der Architekt die Sprache der Versöhnung spricht. Zum zweiten waren die beiden davon überzeugt, daß sich ihre Elemente perfekt mit den Forderungen der Zeit nach Systematisierung, Flexibilität und Reihung verbinden lassen. Als echte Avantgardisten hielten sie natürlich an der Idee fest, daß jeder Zeit eine eigene, unverwechselbare Ästhetik auf den Leib geschneidert gehört.

Überaus erfolgreich war die gemeinsame Arbeit bereits im ersten realisierten Projekt: in der Neugestaltung des Schloßparks Karlsruhe anläßlich der Bundesgartenschau 1967, wofür ihnen drei Jahre später der Hugo-Häring-Preis verliehen wurde. Hatte Sigfried Giedion dem Barock in *Space, Time and Architecture* (1941) die Rolle eines Vorreiters bei der Entwicklung der modernen Raumkonzeption zugewiesen, bemühten sich Goepfert und Hölzinger folgerichtig darum, die Dynamik des barocken Landschaftsraums mit der konkav-konvexen Abfolge ihrer »vegetabilen« Halbschalen aufzunehmen und neu zu rhythmisieren. Als architektonischen Höhepunkt entwarfen sie in der Hauptachse des Schlosses ein phantastisches Seerestaurant, das aus »Lichtröhren« bestand, die in eine Raumgitterkonstruktion eingehängt wurden. Reflektoren, die in diesen Röhren hingen, sorg-

[21] Heinz Mack wurde 1931 im hessischen Lollar geboren. Von 1950 bis 1953 studierte er Malerei in Düsseldorf und von 1953 bis 1956 Philosophie in Köln. Von Hermann Goepfert abgesehen, hat sich kein Künstler seit den Impressionisten derart intensiv mit dem Licht beschäftigt wie er. Im Unterschied zu seinem Weggefährten Otto Piene ging es Mack nicht um den Bedeutungs- und Erlösungscharakter des Lichts, sondern um dessen Funktion, die Realität zum Erscheinen zu bringen und Wirklichkeit werden zu lassen.

[22] Otto Piene wurde 1928 in Laasphe in Westfalen geboren. Er studierte Malerei in München und Düsseldorf und bestritt zur gleichen Zeit wie Heinz Mack ein Philologiestudium in Köln. Im Rückblick formulierte er: »Die Reinheit der Farbe, die Wirkungsweise von Naturvorgängen, die Freiheit des neuen Raumempfindens und die Faszination des Lichts bestimmten die Richtung unserer Bemühungen, deren Ergebnisse summarisch als ›Zéro‹ verstanden wurden.« (Laszlo Glozer, Hg., *Westkunst. Zeitgenössische Kunst seit 1939*, Köln 1981, S. 253.)

[23] Der Kunstkritiker Peter Iden machte Goepfert (1926 bis 1982) das Kompliment: »In der Tat ist von ihm und seinen Freunden, soweit man sehen kann: letztmalig, als von Avantgardisten zu sprechen, wenn damit die vorm gesellschaftlichen Feld spurtende Vorhut gemeint ist. Die Verrisse und der Hohn, der ihre ersten Ausstellungen traf, bezeichnete die Verärgerung darüber, daß hier Künstler ... die frische Gewohnheit erschüttern. In dieser Erschütterung, die sie verursacht hat ..., war die Kunst Zeros politische Kunst.« (*Goepfert und Zero*, hg. von Peter Weiermair, Frankfurter Kunstverein, Frankfurt am Main 1987, S. 15.)

[24] Ebd., S. 34.

[25] Mit der »Planungsgemeinschaft« wurde Bad Nauheim in die berühmten »Provinzen der Avantgarde« eingereiht. Zugleich kann es als Gegenstück zur Entwicklungslinie Dessau–Ulm verstanden werden. In der Hochschule für Gestaltung wurde in Fortsetzung der Bauhaus-Tradition die Modernisierung der Architektur gezielt auf Kosten der Kunst betrieben. Mit der Forderung, sich allein auf das Nützliche zu konzentrieren, wurden die Weichen für ein Curriculum gestellt, bei dem die Ausbildung zum Architekten und Designer nicht zu einem ästhetischen, sondern wissenschaftlichen Problem gemacht wurde. Im Unterschied hierzu zogen Hölzinger und Goepfert die künstlerischen Konsequenzen aus einer Kritik der Moderne, deren wissenschaftliche und planungstheoretische Fundamente sie bereits für gesichert hielten.

[26] *Goepfert – Hölzinger. Integration*, hg. vom Frankfurter Kunstverein, Frankfurt am Main 1972, S. 38.

[27] Die »Lichtröhren« waren 3,5 m lange, an ihren Enden schräg angeschnittene Vierkantrohre aus Eternit mit einer Seitenlänge von 1 m. In der Höhe des Raumgitters, das nach oben und unten geschlossen war, wiesen die Lichtröhren kreisrunde Öffnungen nach allen vier Seiten auf. In diesen hingen an Nylonfäden runde Aluminiumreflektoren – helle und farbige –, die sich im Luftstrom bewegten und die Lichtstrahlen elektrischer Lampen, die in das Raumfachwerk montiert waren, mannigfach verstärkten oder abschwächten und in alle Richtungen weitergaben.

Zero wanted to destroy the material character of art completely too. Just like a butcher washing blood from his fingers, they wanted to liberate the new painting from the ugly slag of its production. It was to transcend its material quality and the fact of its manufacture, and be as light and pure as a thought or a beam of light. Too many colours, lines or shapes were taboo, and so were unduly compressed significance and exaggerated intentions that thrust disturbingly into the way the picture was experienced – in short: everything hypertrophic associated with traditional aesthetics, with the products of the entertainment industry and still to an extent with modern art should be dropped from Zero objects for ever. Especially as they knew they were in the best possible company here with the great masters of concentration on essentials: Piet Mondrian, Kasimir Malevich, Marcel Duchamp, Josef Albers, Man Ray, Naum Gabo, El Lissitzky and Laszlo Moholy-Nagy.

The artists called »Zero« in Germany were paralleled in Holland by the »Nul« group and in Italy by »Gruppo N«. In France, artists with similar aims had come together as the Nouveau Réalistes.[19] As well as this there were a number of sympathizers,[20] and then the exponents of Op Art – Ellsworth Kelly, Morris Louis, Kenneth Noland and Dan Flavin – who were the American counterpart to Zero in the broadest sense. Though at that time it's said that there was practically no contact with the art scene in the USA. But Heinz Mack[21] did meet Jean Tinguely and Yves Klein at a very early stage. Klein first made his name in Germany rather than Paris. Under the patronage of Alfred Schmela, he and the Italians Lucio Fontana and Piero Manzoni became the major figures the Zero movement referred to.

The term »Zero« was adopted in autumn 1957, in a conversation between Heinz Mack and Otto Piene.[22] The two had started by organizing the legendary »evening exhibitions« in Düsseldorf. The catalogue *Zero I*, with contributions by Yves Klein, Mack and Piene was published in 1958, on the occasion of the seventh such evening; it was called *Das rote Bild* (The Red Picture). This was also the year in which they met Günther Uecker, though he did not join the group until 1961. But Hermann Goepfert did link up with them at this time.[23] He came from Bad Nauheim in Hesse, a small spa town with remarkable Jugendstil spa facilities. He had studied art at the Städelschule in Frankfurt, where he met Johannes Peter Hölzinger, who was ten years younger, and also came from Bad Nauheim. He had been allowed to join Johannes Krahn's architecture class at a very young age.

At the end of his course, Goepfert »painted« – after going through his red, black and grey phases – white relief images that looked like Lucio Fontana's split canvases from a distance. Light and shade were the key to these pictures, which came to be known as kinetic objects over the years. Goepfert said that they were inextricably linked with light as waves. Whatever one may think about this – they definitely made a profound impact on the public, as the works demanded active reception. Goepfert noted on this point: As »the artist now signs more for the principle as author, for the individual piece (!) he leaves the final decisions to the viewer«.[24] This is a sentence whose importance can scarcely be overestimated. It shows us how much the new avant-garde contributed to the fact that it was possible for French artistic theory to undertake a through revision of the figure of the author in the late sixties. The author was disempowered in a way that must have been at the back of Goepfert's mind when he reduced his artistry to a principle and defined his works as »pieces« almost derogatorily, pieces whose aesthetic significance should be decided upon by the recipient.

There is even something disparaging about making the viewer the artist's co-author if the latter is simply labelled a »consumer of art«. So what we would have would be an artist relativizing himself as an »art producer« and unceremoniously delegating the most important decisions about the effect his objects make; and we have an »art consumer« who comes as close as possible to being what architectural jargon simply calls a »user«. At this point the new avant-garde could not help completely tearing down the fences between architecture and art. Especially as it does not just lump viewers of art and users of buildings together within the concept of consumers, but also means that building and work of art can no longer be differentiated within the concept of the object.

It is immensely striking how Zero could take for granted the fact of linking the emphatic idea of an art of immaterial light with austere ideas about art's character as object and consumer item. One could also say: at last the avant-garde has shaken off its old emotional posing. It is only now that the highest aesthetic ambitions and a sense of form and colour that has been raised to the point of idiosyncrasy can be combined with everyday activities without triggering endless debates about the difference between free and applied art, or being suspected of arts-and-craftiness. The time was ripe: architecture and art seemed to be called to a synthesis that now had to come out into the open.

In 1965, Goepfert and Hölzinger founded the »Planungsgemeinschaft für neue Formen der Umwelt«, based in Bad Nauheim.[25] Goepfert felt drawn to architecture by emancipated recipients who were to purloin his objects and make active »use« of them, Hölzinger saw himself conversely drawn to art, because he wanted to protect his buildings from being used without intelligence or imagination. Despite the close links between and strategic »confusion« of their disciplines, they replaced the emphatic concept of synthesis with the more objective word integration, in this formulation: »We have taken it upon ourselves to examine landscape, accommodation, community, street using artistic means, i. e., we do not see our work as the product of the architect into which the artist integrates his work more or less well. We see integration as meaning that a common whole emerges from a common artistic approach and by reflecting on all the environmental factors, both visual and intellectual, thus removing boundaries for the individual tenant.«[26]

For their work together they developed a basic vocabulary made from the elements of angle, wave, halfshell and spiral that was intended to do two things: firstly, Goepfert and Hölzinger believed that they had come across structures, aided by their creative thinking, that trusted intuition, that formed the basis of both natural phenomena and the forms of cultural and artistic history. This meant that an essential commandment of the avant-garde, the reconciliation of culture and nature, had already been met by the creative elements used in the form-finding process. One could also say: the very vocabulary guaranteed that the architects'

[19] To give a better overview, the main representatives of the particular groups are listed here:
Zero: Heinz Mack, Otto Piene, Günther Uecker,
Nul: Jan J. Schoonhoven, Henk Peeters, Armando,
Nouveau Réalisme: Arman, Yves Klein, Daniel Spoerri.

[20] »Sympathizers« included Lucio Fontana, Jesus-Raphael Soto, Pol Bury, Jean Tinguely, Gotthard Graubner, Piero Manzoni, Jef Verheyen, Dieter Roth and François Morellet.

[21] Heinz Mack was born in Lollar in Hesse in 1931. From 1950 to 1953 he studied painting in Düsseldorf and from 1953 to 1956 philosophy in Cologne. Apart from Hermann Goepfert, no artist since the Impressionists occupied himself with light as intensively as he did. Unlike his fellow-traveller Otto Piene, Mack was not interested in the significant and redeeming character of light, but its function in making reality appear and become reality.

[22] Otto Piene was born in 1928 in Laasphe in Westphalia. He studied painting in Munich and Düsseldorf and also philology in Cologne at the same time as Heinz Mack. In retrospect he said: »The purity of colour, the way natural processes work, the freedom of the new way space is perceived determined the direction our efforts took, and their results were finally summed up as ›Zéro‹.« (Laszlo Glozer, ed., *Westkunst. Zeitgenössische Kunst seit 1939*, Cologne, 1981, p. 253.)

[23] The art critic Peter Iden paid this compliment to Goepfert (1926–1982): »He and his friends, as far as one can see, are ultimately to be spoken of as avant-garde if what is meant by that the advanced guard spurting ahead of the social field. The damning criticism and the score directed at their first exhibition was the result anger at the fact that here were artists … shattering fresh habits. In the upheaval that it caused … Zero art was political art.« (*Goepfert und Zero*, ed. by Peter Weiermair, Frankfurter Kunstverein, Frankfurt am Main, 1987, p. 15.)

[24] Ibid., p. 34.

[25] The »Planungsgemeinschaft« brought Bad Nauheim into the famous »avant-garde provinces«. At the same time it can be understood as a counterpart to the Dessau–Ulm line of development. The Hochschule für Gestaltung continued the Bauhaus of modernizing architecture at the expense of art. The demand to concentrate only on what was useful set the stage for a curriculum in which training to be an architect and designer was made into a scientific rather than an aesthetic problem. In contrast with this, Hölzinger and Goepfert drew the consequences of a critique of Modernism, whose scientific and theoretical planning basis they already considered secure.

[26] *Goepfert – Hölzinger. Integration*, ed. by the Frankfurter Kunstverein, Frankfurt am Main, 1972, p. 38.

ten für mannigfaltige Licht- und Farbeffekte.[27] Leider zeugen nur noch Photographien von dieser temporären Traumarchitektur, die zugleich Restaurant und kinetisches Objekt war: eine großartige Lichtorgel, in der man speisen konnte und die sicher wunderbar mit den Windharfen harmoniert hätte, die sich die feudalen Herrscher zur Unterhaltung der Gäste in ihre Gärten stellen ließen.

Gerade rechtzeitig, als eine der letzten authentischen Avantgarde-Bewegungen in der Provinz zu Grabe getragen wurde,[28] begann ebenfalls dort die Zusammenarbeit zweier Künstler, welche an der avantgardistischen Vorstellung einer artifiziellen Moderne festhielten, die als Alternative zu den realen Modernisierungsprozessen gedacht war. Rechtzeitig deshalb, weil es höchste Zeit für ein dialektisches Experiment war: für den Versuch, das ambitionierte Bauen aus seiner »grobschlächtigen« Materialität durch die Schwerelosigkeit des Licht- und Schattenspiels der Zero-Kunst zu befreien, die ihrerseits mit Hilfe der Architektur aus der Gefahrenzone des bloß Mechanischen und Gebastelten in einen »handfesten« Nutzen erlöst zu werden verdiente. Die Kunst sollte zur Architektur, die Architektur zur Kunst werden. An diesem Anspruch wollen auch die von Hölzinger allein verantworteten Projekte gemessen werden.

»Der legitimste bauliche Selbstversuch, der mir in den letzten beiden Jahrzehnten vor Augen gekommen ist«

Im Sommer 1978 zeigte die *Bauwelt* auf dem Titelblatt einer ihrer Ausgaben die Photographie eines in der Tat ungewöhnlichen Gebäudes. Lapidar wurde es den Lesern als »Wohnhaus mit Büro in Bad Nauheim« angekündigt, doch merkten sie sogleich, daß es sich um ein gebautes Manifest handelte. Um den Versuch einer eindeutigen Position in einer Zeit, die von Orientierungslosigkeit und hemmungsloser Kopierlust geprägt war. Zu sehen war eine streng symmetrisch gegliederte, steil aufragende »Fassade«, die Würde und Haltung signalisierte. Zudem schien sie ohne Fenster auszukommen, was ihre strenge Eleganz noch erhöhte.[29] Hinzu kamen die auffallend schlanken Wandelemente, die berückend grazil wirkten. Wenn nicht sogar zart und zerbrechlich – wie aus Papier gefaltet. Denn lange bevor Deleuze eine neue Generation ästhetisch ambitionierter Architekten in seinen Bann schlug,[30] praktizierte Hölzinger seine Faltungen bereits mit größter Selbstverständlichkeit.

Exemplarisch führte er sie in seinem eigenen Wohngebäude vor, das eine Ikone der modernen Architektur genannt und in eine Reihe mit den bedeutendsten Häusern der Baugeschichte (Moller, Schröder, Schminke, Savoye, Fallingwater, Farnsworth usw.) gestellt zu werden verdient. Selbstverständlich hält es auch einen Vergleich mit den aufsehenerregendsten Projekten der Zeitgenossen aus, die sich ebenfalls dem Mainstream der siebziger Jahre (diesem dunkelsten Kapitel modernen Bauens) verweigerten. Zu denken wäre beispielsweise an die »cardboard architecture« des drei Jahre älteren Peter Eisenman, die Hölzingers »Lieblingsmaterial« bereits im Namen führt. Tatsache ist jedenfalls: Die Redaktion der *Bauwelt* schien seine besondere Stellung sogleich bemerkt zu haben. Entsprechend machte sie sein Wohnhaus ein Jahr nach seiner Entstehung zum spektakulären Mittelpunkt eines Heftes.[31]

Merkwürdig erscheint indes, daß hierzu eine Ausgabe mit dem Titel »Zwischentexte« gewählt wurde. Aus heutiger Sicht ist kaum nachzuvollziehen, daß ausgerechnet unter diesem Begriff das Gebäude eines Architekten präsentiert werden sollte, der in einer Zeit der Rückbesinnung und der Stilzitate weiterhin an der Irreversibilität des ästhetischen Fortschritts festhielt. Der glaubte, das Alte und Überkommene müsse durch etwas Besseres ersetzt und die Architektur in jeder Zeit neu erfunden werden. Ausgerechnet sein souverän auftretendes, unverwechselbares Gebäude sollte als eine Art »Zwischentext« verhandelt, am Ende gar als leiser Zwischenton verstanden werden? Als ein Haus, das den historischen Kontext und die gewachsene Stadt respektiert, um sich artig in eine Baulücke einzufügen?[32]

Erstaunlicherweise scheint Hölzinger selbst diesem Gedanken einige Sympathie entgegengebracht zu haben. In seinem Erläuterungstext merkte er mit trockener Diktion an: »Entwurfsabsicht im Hinblick auf die syntaktischen Elemente der bestehenden Bauten der Straßenzeile war die Einfügung (!) des Neubaues unter Berücksichtigung dieser vorgefunden Elemente.« Zur vorgefundenen Syntax der Straßenzeile zählte er die symmetrischen, dreigeteilten Fassaden der wilhelminischen Nachbarbauten, ihre »ausgeprägte Mittel- und Querachse« sowie die Betonung der Diagonalen durch Erker, die an den Hausecken sitzen.[33] All diese Aspekte wurden von ihm reformuliert und auf den Neubau übertragen.

Die Absichten der alten Avantgarde scheinen vergessen: Obschon in der Provinz, steht Hölzingers Bau keineswegs frei in der Landschaft, herausgelöst aus urbaner Enge und aus den »schlechten« Traditionen des 19. Jahrhunderts. Statt dessen wurde das Haus dem historischen Kontext einer Gründerzeitbebauung »eingefügt«, den Le Corbusier zur Zeit seines *Plan voisin* ohne jedes Bedauern weggesprengt hätte. Hölzingers Architektur hingegen setzt keine Tabula rasa mehr voraus. Sie will keine Utopie sein im ursprünglichen Wortsinn: kein Nicht-Ort oder Niemandsland, sondern zwängt sich trotz auffällig geringer Grenzabstände mit »hochgezogenen Schultern« zwischen die Nachbarbauten. – Also doch ein »Zwischentext«?

Sofern sein Haus in deren Schatten stünde – doch thront es ja! In der Enge der Kurstadt behauptet es sich der wiederholten Rede der Einfügung zum Trotz als ein Baukörper, der aufgrund seines starken ästhetischen Eigensinns die umgebende Bebauung dominiert. Distanz herrscht gegenüber der Nachbarschaft – nicht der Wunsch nach Nähe und Verbrüderung! Hölzinger gelang die Besonderung und Hervorhebung seines Gebäudes, obschon er im Gegensatz zu Rietvelds Haus Schröder die Proportionen der umgebenden Bebauung bereitwillig aufnahm, ohne sich freilich der »inzwischen üblichen eklektizistischen Rückgriffe«[34] schuldig zu machen. Keineswegs beabsichtigte er eine gelenkige Imitation vorgefundener Bauformen. Mit Bedacht spricht er statt von Formen von Elementen. Diese ahmen keinen Stil nach, sondern sind das Produkt eines analytischen Blicks, der in den Motiven der alten Baumeister geometrische Urformen wiederzuerkennen glaubt.

Obschon die Bezeichnung geometrische Urformen die Sache nicht wirklich trifft. Diese waren das Anliegen Le Corbusiers, der behauptete, Würfel, Kegel, Kugel, Zylinder und Pyramide seien die primären Formen, die das Licht dem Menschen offenbare. Und zwar zu allen Zeiten! Dessen war er sich gewiß. Hölzinger hingegen betonte in seinem Erläuterungstext, daß es »heutige bildnerische Mittel«[35] seien, die ihm eine moderne Übersetzung historischer Motive und infolgedessen die Ein-

[28] Berichten zufolge feierten ca. 2000 Menschen 1966 im Bahnhof Rolandseck in Bonn den Abschied von der Zero-Bewegung. Wichtiger noch als dieser Hinweis ist die Tatsache, daß die Einsamkeit der Provinz als Rückzugsort für die Zero-Kunst nicht immer ausreichte. Die ambitioniertesten Projekte führten die Protagonisten der Bewegung bisweilen in die Wildnis. Prominentes Beispiel ist das *Sahara-Projekt* von Heinz Mack (1968).

[29] In Wirklichkeit wird das Haus in allen Stockwerken »diagonal« belichtet, weil sich der größte Teil der Verglasung in jenen Halbschalen verbirgt, die die Ecken des Gebäudes bilden. Während die Wände, in denen gewöhnlich die Fenster sitzen, völlig geschlossen bleiben, werden ausgerechnet die Ecken, die Symbole architektonischer Solidität, aufgeschlitzt. Das ist gerade so, als wären dieser »Trutzburg« die Flanken geöffnet worden. Der Effekt ist, daß derjenige, der von außen kommt und den Räumen des Hauses wenig Helligkeit zutraut, um so überraschter ist, wenn er im Inneren die Verlängerung der diagonalen Lichtbewegung durch die schmalen Verglasungen an beiden Seiten der Türen hindurch entdeckt. Die Effektivität dieser Art der Belichtung wird noch gesteigert in den Obergeschossen, durch den Einfall des Sonnenlichts, das sich wegen der Perforierung des Daches ungehindert ins Hausinnere verströmen kann.

[30] Gilles Deleuzes Buch *Le pli. Leibniz et le baroque*, Paris 1988 (deutsch: *Die Falte. Leibniz und der Barock*, Frankfurt am Main 1995), löste in den neunziger Jahren in der westlichen Welt eine Welle gefalteter Architekturen aus.

[31] Obschon ein Jahr zuvor der Gründungsdirektor des Deutschen Architekturmuseums eine von Goepfert und Hölzinger geplante Wohnanlage in Bad Nauheim, die in eleganter Wellenbewegung einen Hang hinunterfließt, als Beispiel für die »Kitschbaukunst der Gegenwart« gebrandmarkt hatte. Immerhin hat er Jahre später seinen Irrtum dem Architekten gegenüber eingestanden. (Heinrich Klotz, *Die röhrenden Hirsche der Architektur*, Luzern und Frankfurt am Main 1977, S. 37 ff.)

[32] Ulrich Conrads, der damalige Chefredakteur der *Bauwelt*, war ganz offensichtlich dieser Meinung. Allerdings trug er sie in der Hoffnung vor, beruhigend auf eine Leserschaft einzuwirken, die mit Häme und Empörung auf das Haus reagiert hatte. Nicht zuletzt aus diesem Grund glaubte Conrads dem Bauwerk bescheinigen zu müssen: »Es ist eingebracht in den an diesem Ort geltenden bescheidenen Maßstab. Es trumpft nicht auf, es verletzt nicht. Es ist der legitimste bauliche Selbstversuch, der mir in den letzten beiden Jahrzehnten vor Augen gekommen ist.« (*Bauwelt*, Heft 5, 2. Februar 1979, S. 163.)

[33] *Bauwelt*, Heft 25, 7. Juli 1978, S. 982.

[34] Ebd.

[35] Ebd.

language spoke of reconciliation. Secondly, the two men were convinced that their elements were perfectly compatible with current demands for systematization, flexibility and serial accumulation. As genuine exponents of the avant-garde they naturally clung to the idea that every age should be branded with its own, unmistakable aesthetic.

Their work together was entirely successful even in the first project they realized: this was a new design for the palace gardens in Karlsruhe for the 1967 Bundesgartenschau, for which they got the Hugo Häring Award three years later. In *Space, Time and Architecture* (1941), Sigfried Giedion had cast the Baroque in the role of a forerunner in the development of modern concepts of space. Goepfert and Hölzinger followed this logically by taking up the dynamic of the Baroque landscape in the concave-convex sequence of their »vegetable« half-shells and giving it a new rhythm. As the architectural climax, they designed a fantastic lakeside restaurant for the principal axis of the Schloß. It consisted of »light tubes« suspended in a space lattice construction. Reflectors hanging in these tubes provided a range of light and colour effects.[27] Unfortunately we now have nothing but photographs as evidence of this temporary dream architecture, which was a restaurant and a kinetic object at the same time: a magnificent light-organ that people good go into to eat a meal. It would have chimed in wonderfully with the Aeolian harps that feudal rulers caused to be placed in their gardens to entertain their guests.

At precisely the right moment, just as one of the last authentic avant-garde movements was buried in the provinces,[28] two artists started work, also in the provinces. They stuck to the avant-garde idea of an artificial Modernism that was intended as an alternative to real modernization processes. It was the right moment because it was high time for a dialectical experiment: for an attempt to free ambitious building from »coarse-grained« materialism by using the weightlessness of Zero art's interplay of light and shade, which deserved in its turn to be redeemed with the help of architecture from the danger-zone of being merely mechanical and cobbled together, and put to »substantial« use. Art was to become architecture, architecture art. The projects for which Hölzinger was solely responsible should be measured against this claim as well.

»The most legitimate personal architectural experiment that I have seen in the last two decades«

In summer 1978, the cover of the magazine *Bauwelt* carried a photograph of an unusual building. It was tersely introduced to readers as a »private house with office in Bad Nauheim«, but it was immediately obvious that this was a built manifesto. What appeared was a strictly symmetrically articulated, steeply rising »façade«, emanating dignity and composure. It also seemed able to survive without windows, which further enhanced its austere elegance.[29] And then there were the strikingly slender, sharp-angled wall elements, which seemed captivatingly graceful. Or even delicate and fragile – as though made of folded paper. The fact is that, long before Gilles Deleuze had cast his spell on a new generation of aesthetically ambitious architects,[30] Hölzinger was putting his folding skills into practice as a matter of course.

He demonstrated them in an exemplary fashion in his own home, which deserves to be called an icon of modern architecture and mentioned in the same breath as the most important houses in the history of architecture (Moller, Schröder, Schminke, Savoye, Fallingwater, Farnsworth etc.). And of course it also bears comparison with sensational projects by other contemporaries who refused to have anything to do with mainstream seventies work (that darkest chapter in modern architectural history). One could mention the »cardboard architecture« of Peter Eisenman, who is three years older than Hölzinger; its name actually includes Hölzinger's »favourite material«. One thing at least is a fact: the editors of *Bauwelt* seem to have realized that it was something special immediately, and so spectacularly dedicated an issue to his home a year after it was built.[31]

But it does seem remarkable that they chose an issue called »Zwischentexte« (Intermediate texts) for this. From today's point of view it is scarcely possible to understand that this concept of all concepts should be chosen to present a building by an architect who clung to the irreversibility of aesthetic progress even at a time of retrospective thinking and stylistic quotations. Who believed that the old and the traditional should be replaced by something better, and architecture reinvented for its day. His building of all buildings, in total command of the situation and unmistakable, was to be treated as a kind of »intermediate text«, indeed ultimately perceived as a softly sounding, intermediate note? As a building that respects the historical context and the town as it has matured naturally, fitting into the gap in the buildings and on its best behaviour?[32]

Astonishingly enough, Hölzinger himself seems to have been not unsympathetic to this thought. In his explanatory essay he notes in his dry diction: »The design intention in terms of the syntactical elements of the existing buildings in the street was to fit the new building in (!) while considering these existing elements.« He counts the symmetrical, tripartite façades of the neighbouring Wilhelminian buildings as part of the syntax of the street, with their »marked central and lateral axis«, and the emphasis on the diagonal given by little bays sitting on the corners of the houses.[33] He reformulated all these aspects and applied them to the new building.

The old avant-garde's intentions seemed to be forgotten: even though it is in the provinces, Hölzinger's building is not free-standing in the countryside, detached from urban constriction and the »bad« traditions of the 19th century. Instead of this, the house was »fitted in« to the historical context of an 1870s development that Le Corbusier would have blown up without a second thought for his *Plan voisin*. But Hölzinger's architecture does not require a tabula rasa. It is not intended as a utopia in the traditional sense of the word: it is not a non-place or a no man's land, it simply »shrugs its shoulders« and pushes its way in between the neighbouring buildings, despite the fact that there is very little space available. – So is it an intermediate text after all?

It would be if those buildings put the house in the shade – but in fact it is resplendent! In the cramped surroundings of the spa town it makes its presence felt, despite all the talk about being fitted in, as a building that dominates those around it because of its assertive aesthetic strength. It distances itself from its neighbours – rather than seeking closeness and fraternal solidarity! Hölzinger successfully separated and emphasized his building even though, unlike Rietveld's Schröder House,

27 The »light tubes« were 3.5 m long, at their ends were diagonally cut square Eternit tunes with sides 1 m long. At the level of the space lattice, which was closed at the top and bottom, the light tubes had circular openings on all four sides. In these round aluminium reflectors – bright ones and coloured ones – hung on nylon threads that moved in the draughts and made the rays from electric lamps mounted in the space lattice many times brighter or less bright, distributing them in all directions.

28 According to reports, about 2,000 people celebrated their farewell to the Zero movement in Rolandseck station in Bonn in 1966. But even more important than this is the fact that the loneliness of the provinces was not always sufficient for Zero art. The most ambitious projects took the movement's exponents into the wilderness from time to time. The most distinguished example is Heinz Mack's *Sahara-Projekt* (1968).

29 The house is lit »diagonally« on all floors, because most of the glazing is concealed in the half-shells that form the corners of the building. While the walls in which the windows are usually fixed remain completely closed, the corners of all things, those symbols of architectural solidity, are slit open. It is as though this »siege castle's« flanks have been opened up. The effect is that anyone coming from the outside and assuming that the rooms will not be very light is all the more surprised to find the diagonal movement of light lengthened inside by the small glazed section on both sides of the doors. The effectiveness of this kind of lighting is further heightened in the upper storeys by the incident sunlight that can stream into the interior of the house unhindered because the roof is perforated.

30 Gilles Deleuze's book *Le pli. Leibniz et le baroque*, Paris, 1988, unleashed a wave of folded architecture on the Western world in the nineties.

31 Even though a year before the founder director of the Deutsches Architekturmuseum had branded a residential complex planned by Goepfert and Hölzinger in Bad Nauheim that flowed down a slope in an elegant wave movement an example of »contemporary kitsch architecture«. He did admit to the architect years later that he was wrong. (Heinrich Klotz, *Die röhrenden Hirsche der Architektur*, Lucerne and Frankfurt am Main, 1977, pp. 37 ff.)

32 Ulrich Conrads, the editor-in-chief of *Bauwelt*, was quite obviously of this opinion. However, he stated it in the hope of calming a readership that had reacted to the house with malice and outrage. Conrads thought he had to defend the building not least for this reason. »It fits on the modest scale that prevails in this location. It does not show off, it does no harm. It is the most legitimate personal architectural experiment that I have seen in the last two decades.« (*Bauwelt*, no. 5, 2 February 1979, p.163.)

33 *Bauwelt*, no. 25, 7 July 1978, p. 982.

fügung seines Gebäudes in den urbanen Kontext ermöglicht hätten. Entscheidend war für ihn, daß die Sprache der Architektur den Nerv ihrer Zeit trifft. Daß sie zeitgemäß ist. Da aber schon damals jeder etwas anderes hierunter verstand, war er um so mehr davon überzeugt, daß sich im Bauen eine synthetische Kraft mit Hilfe von Elementen entfalten müsse, deren Abstraktionspotential groß genug ist, um den gesamten Gestaltreichtum von Kunst und Natur in sich aufnehmen zu können. Genau zu diesem Zweck hatte er zusammen mit Goepfert den Grundwortschatz von Winkel, Welle, Halbschale und Spirale entwickelt.

Auf dem Weg der Integration aller fünf »Vokabeln« in ein Projekt, den Hölzinger noch nicht zu Ende gegangen ist, bezeichnet sein Wohnhaus das gelungenste Beispiel der Kombination zweier Elemente. Winkel und Halbschale wählte er aus, weil sie ihm am ehesten dazu geeignet schienen, den Eindruck einer »gebündelten, städtischen, senkrechten Baumasse« zu erwecken.[36] Nun ist es ja eine simple Tatsache, daß hoch aufragende Gebäude weit eher mit Stadt assoziiert werden als waagerechte. Von einer urbanen Wende avantgardistischer Positionen kann daher nicht schon die Rede sein, auch wenn dies Hölzingers Wortwahl suggeriert.

Zumal man damals die Ästhetisierung des Urbanen nach dem Vorbild moderner Planungsleitbilder leichthin mit Urbanität verwechselte. Hierzu paßte der Anspruch, die Kunst aus der Umklammerung der Museen zu befreien. Künstler, die in die Öffentlichkeit der Stadt drängten, besetzten mit ihren Objekten oft solche Orte, die durch die moderne Planung verödet waren. Das Ideal einer »aufgelockerten und durchgrünten« Stadt hatte dafür gesorgt, daß die im Krieg zerstörte Urbanität in einen verkehrsgerechten Fließraum verwandelt wurde. Nun mußte man sogar in der Mitte der Städte mit menschenleeren Zonen rechnen, die der »Kunst im öffentlichen Raum« die gleichen Spielräume eröffneten, welche dem Freiheitsdrang der avantgardistischen Architektur in der Weite der Landschaft zugute gekommen waren.

Das Wohnhaus in Bad Nauheim muß zwar keine ausgestorbene Straße schmücken, dennoch verhält es sich eher als Skulptur denn als Gebäude und trägt darum auch mehr zur Ästhetisierung als zur Urbanisierung seiner Umgebung bei. Die Ursache hierfür lautet: Es spiegelt der Stadt kein Leben wider. Seine Fassade bleibt stumm wie eine schöne Prinzessin, der ein böser Zauberer die Stimme raubte. Man kann sich an ihrem Anblick ergötzen, aber man kann nicht mit ihr kommunizieren. Die vielen Möglichkeiten der Entdeckung und Eroberung, die das Haus statt dessen bietet, erfüllen leicht die avantgardistische Forderung nach der Aktivierung des Betrachters, doch können sie nicht kompensieren, daß der entscheidende Beitrag der Architektur zur Stadt die »sprechende Fassade« ist. Sie erst macht das Haus zu einem Bestandteil des öffentlichen Raums, indem sie nach außen sickern läßt, was die Menschen, die dahinter leben und arbeiten, publik machen wollen.

Adolf Loos war es, der nicht nur den grundsätzlichen Unterschied zwischen der öffentlichen Schauseite eines Hauses und seiner Privatsphäre theoretisierte, sondern mit seinen eigenen Bauten demonstrierte, daß nur solche Häuser modern sind, die ein stummes Außen mit einem beredten Innen kombinieren, das bereitwillig Auskunft über die Vorlieben und Lebensweise seiner Bewohner gibt. Mit dem Gelöbnis zur Schweigsamkeit, die sich gegen die Indiskretionen der österreichischen Justiz und die »Geschwätzigkeit« des Jugendstils richtete, demonstrierte Loos eine Baukultur, die den öffentlichen Raum brüskierte. Zugleich begann sich die für die Moderne typische Trennung von Architektur und Interieur durchzusetzen. Den Bewohnern stand es im Prinzip frei, ihre Wohnungen nach eigenem Gusto zu möblieren. Die Architekten fühlten sich vor allem für die Gestalt der Räume und nicht für deren Ausgestaltung zuständig. Damit war der Weg für die Forderung der Organiker frei, Häuser sollten von innen nach außen gebaut werden.

Daß es möglich sein müsse, an der äußeren Form der Gebäude ihre innere Struktur abzulesen, wurde zur *idée fixe* der bauenden Avantgarde. Und natürlich war sie eine Ausgeburt der Provinz, wo der Verlust der Fassade weit weniger schwer wog als in der Stadt. Ein Haus ohne Fassade negiert die Stadt. Es verhält sich zu ihr wie ein autistischer Mensch zur Gesellschaft. Aus diesem Grund hielten die Rationalisten daran fest, daß Bauwerke eine von ihrem räumlichen Kern abgesonderte Hülle aufweisen sollten. Zugleich blieben sie der Forderung von Loos treu, daß diese Hülle kein freizügiges Kleid, sondern eine verbergende Maske sein sollte.

So müssen wir also unterscheiden zwischen einer modernen großstädtischen Architektur der beredten Fassaden, wie sie uns in den ornamentierten Bauten eines Louis Sullivan oder Otto Wagner gegenübertreten, und einer avantgardistischen antiurbanen Architektur, die Gebäude ohne Fassade propagierte und in der Praxis zu Bauten mit stummen Fassaden tendierte. In der einen wie in der anderen Weise wurden die leer gefegten Oberflächen der modernen Häuser zu Projektionsflächen für Träume, denen sie selber keine Nahrung geben wollten.[37] Dieser Umstand markiert die bewußte Sprachlosigkeit des Neuen Bauens. Schon der Volksmund weiß: Reden ist Silber, Schweigen ist Gold. Die modernen Architekten machten daraus die Regel: Nicht Häuser sollen sprechen, sondern Menschen, die in ihnen leben.

Auch Hölzingers Haus scheint auf Anhieb keines, das von innen nach außen gebaut wurde. Gleichwohl trifft ihn der Vorwurf nicht, den Hugo Häring an die Rationalisten adressierte: Sie hätten die Entfaltung des »freien Grundrisses«, woran ihnen doch so viel lag, immer wieder selber zunichte gemacht durch die regelmäßige Gestalt des Körpers, der ihm übergestülpt wurde. Auf den ersten Blick scheint auch bei Hölzinger die strenge äußere Form unabhängig vom Innenleben des Hauses entwickelt worden zu sein. Ja, die Diktatur der Symmetrie ist so allmächtig, daß der Betrachter erst gar nicht auf die Idee kommt, in den kargen Informationen, die der Fassade zu entlocken sind, konkrete Hinweise auf das Innenleben zu erwarten. Dennoch ist das Gegenteil der Fall. Das Wohnhaus Hölzinger gibt allem Anschein zum Trotz das Beispiel einer präzisen Übereinstimmung von innen und außen. Das alte Thema »Hülle und Kern«, das die Architektur von Beginn an begleitete, ist in Bad Nauheim begraben worden.

Aus architekturtheoretischer Perspektive geurteilt, liegt in der Aufhebung des Gegensatzes von Aufriß und Grundriß der originäre Beitrag Hölzingers zur Geschichte avantgardistischer Architektur. Sein Haus demonstriert die präzise Übereinstimmung der Geometrie des Inneren und des Äußeren. Die Außenwände erfüllen nur mehr die schützende, nicht aber die semiotische Funktion der Fassade, die darin besteht, den Anteil, den Bauherr und Bewohner an der urbanen Öffentlichkeit nehmen, in ihrer Textur und ihrem Schmuck zu repräsentieren.

Zu letzterem macht Hölzingers Haus keine, oder nur sehr reduzierte Aussagen. Statt dessen gibt seine äuße-

[36] *Bauwelt*, Heft 25, 7. Juli 1978, S. 982.

[37] Walter Benjamin beschrieb die Ästhetik der Armut als Allianz zwischen Hollywood und dem Neuen Bauen. Über die kargen Interieurs der Moderne urteilte er, sie würden zu den Menschen passen, die sich ihrer Armut nicht länger schämen wollen. Zudem seien asketisch möblierte Wohnungen bequem genug, um darin nach getaner Arbeit ausruhen und träumen zu können. Doch wovon träumt der moderne Städter? Benjamins überraschende Antwort lautete: von der Mickymaus. Ihr Leben sei voller Wunder: »Natur und Technik, Primitivität und Komfort sind hier vollkommen eins geworden und vor den Augen der Leute, die an den endlosen Komplikationen des Alltags müde geworden sind, erscheint erlösend ein Dasein, das auf die einfachste und zugleich komfortabelste Art sich selbst genügt.« (Walter Benjamin, »Erfahrung und Armut«, in: ders., *Illuminationen. Ausgewählte Schriften*, Frankfurt am Main 1961, S. 318.)

Die moderne Unterhaltungsindustrie entwickelte die Phantasiewelten, die das avantgardistische Bauen aus seinen Fassaden entfernt hatte. Le Corbusier hat diesen Sachverhalt mit aller Deutlichkeit in der Villa Schwob (1916) inszeniert, deren Straßenfassade vom Motiv des leeren Bilderrahmens beherrscht wird. Man könnte sie auch als eine Kinoleinwand beschreiben, die darauf wartet, daß auf sie ein Disney-Film projiziert wird.

he was perfectly prepared to accept the proportions of the surrounding buildings, admittedly without being guilty of the »recourses to eclecticism that have become customary in the mean time«.[34] He definitely did not intend a deft imitation of the existing building forms. He deliberately speaks of elements rather than forms. These do not copy any style, but they are the product of an analytical eye that feels it can recognize basic geometrical forms in the motifs of the old master builders.

But the term basic geometrical forms does not really fit the bill. These were something for Le Corbusier, who insisted that cube, cone, sphere, cylinder and pyramid were the primary forms that light reveals to mankind. And this at all times! He was certain of this. But Hölzinger stressed in his introductory essay that it was »today's creative resources«[35] that had made it possible for him to produce a modern translation of historical motif and thus fit his building into the urban context. The crucial thing for him was that the language of the architecture should speak directly to its day. That it should be appropriate to its times. But as at that time everyone saw this as meaning something different, he was all the more convinced that, in building, a synthetic power has to develop with the aid of elements whose potential for abstraction is great enough to be able to absorb the whole creative wealth of art and nature. This is precisely why he had developed the basic vocabulary of angle, wave, half-shell and spiral with Goepfert.

Hölzinger's own house is the most successful example of combining two of these elements, on the way to integrating all five pieces of »vocabulary« in one project, something that Hölzinger has not yet achieved. He chose angle and half-shell because they seemed best suited to giving the impression of a »focused, urban, vertical building mass«.[36] Now it is a simple fact that tall buildings, rather than horizontally designed ones, tend to be associated with towns. But it is not possible to talk about an urban twist to avant-garde positions, even though Hölzinger's choice of words suggests this.

Especially as at that time people tended to confuse the aestheticization of town following the model of modern planning guidelines with urban quality. This fits in with the aim of liberating art from the embrace of the museums. Objects by artists who made their way into the public urban arena often occupied locations that had been rendered desolate by modern planning. The ideal of a »varied, thoroughly green city« had meant transforming the urban quality destroyed by the war into space that was suitable for traffic to flow in. Now, even in the city centres one had to cope with people-free zones that opened up the same scope for »art in public spaces« that had benefited avant-garde architecture's thirst for freedom in the open countryside.

Certainly the house in Bad Nauheim did not have to adorn a dead street, but is does still behave more like a sculpture than a building and thus also contributed more to aestheticizing its surroundings than urbanizing them. And this is because it does not reflect any life back into the town. Its façade remains as silent as a beautiful princess who has been robbed of her voice by an evil magician. You can revel in the sight of her, but you can no longer communicate with her. The house offers a whole range of possibilities for discovery and conquest instead; they easily satisfy the avant-garde demand that the viewer should be stimulated into activity, but they cannot compensate for the fact that architecture's crucial contribution to the city is the »speaking façade«. It is only this that makes a building part of a public space by allowing something to seep outside of what the people who are living and working there are prepared to make public.

It was Adolf Loos who addressed not only the fundamental difference between the public show side of a building and its private sphere, but who also demonstrated with his own work that only those buildings are modern that combine a silent outside with an eloquent inside, happy to give some information about its occupants' preferences and way of life. With the vow of silence directed against the indiscretions of Austrian justice and the »loquacity« of Art Nouveau, Loos was identifying a building culture that snubbed public space. At the same time, Modernism's typical distinction between architecture and the interior was starting to be accepted. In principle, people were free to furnish their own homes as they wished. Architects felt responsible for the form of the rooms and not for their furnishings. This opened things up for the organically minded, who insisted that houses should be built from the inside to the outside.

The architectural avant-garde acquired the *idée fixe* that it had to be possible to read the internal form of a building from its external structure. And of course it all stemmed from the provinces, where losing the façade was far less significant than it was in a town. A building without a façade negates the town. It relates to it in the same way that an autistic person relates to society. This is why the rationalists clung to the fact that buildings should have an envelope that was separate from their spatial core. At the same time they kept faith with Loos's insistence that the envelope should not be a risqué dress but a concealing mask.

So we have to draw a distinction between a modern metropolitan architecture of eloquent façades, as represented by the ornamented buildings of architects like Louis Sullivan or Otto Wagner, and an avant-garde anti-urban architecture that made propaganda for buildings without façades and tended in practice towards buildings with silent façades. In both of these cases, the clean-swept surfaces of modern buildings became projection screens for dreams that they did not want to nourish themselves.[37] This state of affairs led to the deliberate inarticulateness of Neues Bauen. Even popular speech knows that speaking is silver, silence is golden. Modern architects turned this into a rule: it is not the buildings that should speak, but the people who live in them.

At first sight, Hölzinger's house does not look like one that was built from the inside outwards either. Even so it is not open to the reproach that Hugo Häring addressed to the rationalists: he said they had themselves constantly hindered the development of the »free ground plan« that they felt so strongly about with the regular shape of the building they plonked on top of it. And the first impression is that Hölzinger's austere external form developed independently of the house's internal life. Indeed, the dictatorship of symmetry is so all-powerful that the viewer does not first hit on the idea of expecting concrete hints about interior life from the scant information that can be teased out of the façade. And yet the opposite is the case. Despite all appearances, Hölzinger's house is an example of interior and exterior agreeing precisely. The old theme of »envelope and core« that accompanied architecture from its infancy has been buried in Bad Nauheim.

From the point of view of architectural theory, removing the contradiction between elevation and ground plan

[34] *Bauwelt*, no. 25, 7 July 1978, p. 982.
[35] Ibid.
[36] Ibid.
[37] Walter Benjamin described the aesthetics of poverty as an alliance between Hollywood and Neues Bauen. His judgement on Modernism's bare interiors was that they would suit people who no longer wanted to be ashamed of their poverty. He went on to say that ascetically furnished homes were comfortable enough for people to be able to rest and dream in them after the day's work was done. But what do modern city-dwellers dream about? Benjamin's surprising answer was: about Mickey Mouse. Their life was full of wonders: »Nature and technology, primitiveness and comfort have become completely as one here and in the eyes of people who have grown tired of the endless complications of everyday life an existence seems to redeem that contents itself in the simplest and at the same time most comfortable way.« (Walter Benjamin, »Erfahrung und Armut«, in: same author, *Illuminationen. Ausgewählte Schriften*, Frankfurt am Main, 1961, p. 318.)

The modern entertainment industry developed the fantasy worlds that avant-garde architecture had banished from its façades. Le Corbusier demonstrated this state of affairs with all possible clarity in his Villa Schwob (1916), whose street façade is dominated by the motif of an empty picture frame. It could also be described as a little cinema screen waiting for a Disney film to be projected on it.

re Gestalt wesentliche Gestaltungsmerkmale preis, die in seinem Inneren fortwirken. Sie steckt voller Hinweise, die Kunstwerke an ihre Betrachter weitergeben. Innen und außen werden nur funktional unterschieden. Ästhetisch gibt es keine Differenz. Hier wie dort findet man dieselben Elemente und sind die gleichen Gesetzmäßigkeiten am Werk. Auch die Tatsache, daß draußen andere Temperaturen und Lichtverhältnisse herrschen, daß man sich dort mit einer Ebene begnügen muß statt mit vier, klärt uns im Grunde nur darüber auf, daß auch dieses Haus ein Ende hat. Zudem ein vorläufiges Ende, denn obschon es auf den Betrachter wie eine autonome Skulptur wirkt, wie eine Wiedergeburt palladianischer Klassizität, ist es doch zugleich das Produkt einer Struktur aus standardisierten Elementen, die im Prinzip immer weiter wachsen könnte. Auf diese Weise würden Außenwände zu Innenwänden, und es wäre ein weiterer Beweis dafür erbracht, daß dieses Haus keinen Unterschied zwischen Hülle und Kern akzeptiert.

Damit die Verwandlung eines Äußeren in ein Inneres überhaupt funktioniert, zieht sich durch das Gebäude eine einheitliche Gestaltungsmethode. Das strenge Diktat der Symmetrie führt dazu, daß sich in drei Geschossen zwölfmal die gleiche Raumgröße ergibt, egal ob es sich hierbei um Wohn-, Schlaf- oder Kinderzimmer, Küche, Sekretariat oder Zeichenraum handelt. Damit ist der denkbar radikalste Gegensatz zu den Vorstellungen der Organiker erreicht, die hofften, ihre Grundrisse ließen sich dem Verhalten und den Bewegungen der Bewohner anschmiegen. Auf diese Weise sollte ein modernes Wohnen möglich werden. Modern hieß: bequem. Die Bequemlichkeitsforderung zieht sich als Leitmotiv durch das Neue Bauen. Man könnte genausogut von der Entritualisierung des Wohnens sprechen. Mit dem steifen Kragen wurde auch ein Wohnstil abgeschafft, der sich hemmend auf den Bewegungsdrang der Menschen ausgewirkt hatte. Lässig und ungezwungen sollte er sich in seinen Räumen verhalten dürfen. Entsprechend bemühte man sich um Auswege aus der einengenden Geometrie unbequemer Lebensweisen.

Mit der Betonung der strengen symmetrischen Form scheint Hölzinger ein Haus für Menschen gebaut zu haben, die ihre Bewegungsfreiheit gegen eine neuerliche Ritualisierung des Wohnens eintauschen sollten. Das aber hieße ja: Die Auflösung des Widerspruchs von Außen und Innen und die Einheit von Grundriß und Aufriß sei in seinem Haus mit dem Opfer der modernen Lebenspraxis erkauft worden. Tatsächlich entstand dieser Verdacht bei vielen Lesern, die sich nach der Veröffentlichung des Gebäudes in der *Bauwelt* kritisch zu Wort meldeten.[38] Vor allem stießen sie sich am angeblich sakralen Charakter des Gebäudes, in dem Menschen nur stören würden.[39]

Die Proteste, die vor allem aus der Feder von selbsternannten Gralshütern der Moderne stammten, gingen sämtlich von dem Fehlschluß aus, daß die Wiedereinführung der Spiegelsymmetrie in die moderne Architektur eine Sakralität erzwinge, mit der notwendigerweise die Restauration traditionellen Wohnens einhergehe. Merkwürdig nur, daß kein Besucher dieses Hauses, dessen Besonderheit einen auf Schritt und Tritt begleitet, an »heilige Hallen« denkt. An keiner Stelle glaubt man sich in einer Kirche. Nichts Weihevolles tritt einem in diesem Bau entgegen, der zwar sehr artifiziell ist, dem aber alles Pathos abgeht. Von einem Zwang zur Stilisierung des Wohnens kann in diesen Räumen keine Rede sein.

Wir erinnern uns: Stilisierung war das Anliegen des Jugendstils. Hölzingers Haus aber bezweckt zuallerletzt die Erlösung des Lebens in die Kunst. Und es soll auch nicht umgekehrt die Kunst in den Alltag erlöst werden, wie es der alten Avantgarde vorschwebte. Niemand soll erlöst werden, weil hierfür die nötige Hierarchie fehlt: jenes Oben, zu dem ein Niedrigeres hinaufgezogen wird. Statt dessen demonstriert das Haus in Bad Nauheim, wie alltagspraktische Verrichtungen und ästhetische Erfahrungen eine Verbindung eingehen können, deren Besonderheit darin besteht, daß sich das eine immer erst im anderen seiner selbst bewußt wird. Anders gesagt: Der ästhetische Reiz, der von dieser Architektur ausgeht, nimmt nicht ab, sondern intensiviert sich in der gegenseitigen Durchdringung mit Alltagspraxis, und umgekehrt kommt das Leben in diesem Haus erst in den ästhetischen Erfahrungen zu sich, die es für seine Bewohner bereit hält.

In den alltäglichen Verrichtungen, zum Beispiel im Öffnen und Schließen der Türen, erhält das Erlebnis der zarten Licht- und Farbreflexionen, die auf den Bildern dieses Buches zu sehen sind, seine volle Bedeutung, weil es ein zweckgerichtetes Handeln ist, das sich im Moment des Erstaunens als ästhetisches Verhalten zu erkennen gibt. Und ebenso bekommt die Bewegung eines Bewohners, der bei Tage in die oberen Stockwerke eilt, erst im Erlebnis des intensiver werdenden Sonnenlichts ihren Sinn, weil ihm sein ästhetisches Verhalten in der Mühe des Treppensteigens bewußt wird. Hölzinger versuchte, den avantgardistischen Anspruch auf Versöhnung von Kunst und Leben einzulösen, nicht indem er den Alltag abwertete, sondern von Menschen ausging, die zu dem Experiment bereit sind, ihre täglichen Verrichtungen jederzeit als ästhetisches Verhalten und dieses umgekehrt als alltagspraktisches Handeln wiederzuerkennen.

Alles Tun wird auf diese Weise bewußter vollzogen als andernorts. Es geschieht dies in Interaktion mit einem Gebäude, das streng komponiert wurde und dennoch die Integrationsprozesse, die es beabsichtigt, nicht erzwingen will. Dennoch kann nicht jeder in diesem Haus wohnen. Aber gilt das nicht noch mehr für jene trostlose Architektur, die für »die Massen« konzipiert wurde? Weshalb sollte man davon ausgehen dürfen, daß künstlerische Erlebnisse für die Bevölkerungsmehrheit eine Zumutung darstellen? Warum ist ein poetischer Ort nur etwas für Auserwählte? Und Hölzingers Haus i s t ein poetischer Ort! Daß dies seine damaligen Kritiker – nach denen freilich kein Hahn mehr kräht – nicht erkennen konnten, zeigt uns die Macht einer Ideologie,[40] die die Möglichkeit architektonischer Poesie nur als eine Funktion sakraler Räume zu denken erlaubte.

Zum Schluß: Zur Avantgarde gehört die Hybris der Überschreitung,[41] so wie es zur Stadt gehört, daß die Grenzen, die uns bei Tag disziplinieren, in der Nacht wieder eingerissen werden. Die Avantgarden akzeptieren keinen moralischen Unterschied zwischen Tag und Nacht: Hölzingers Haus erscheint so anmutig am Tage, wenn es von der Sonne beschienen wird, wie am Abend, wenn Licht aus seinem Inneren nach außen dringt. Es ist das Produkt einer Moderne, die sich in der Provinz formierte, um nicht länger mit zweierlei Maß messen zu müssen. Der Anspruch auf eine Architektur, die keine Kompromisse kennt, blitzte in der Geschichte immer wieder auf. Doch erschreckend schnell altern Programme, während ihre unversehrten Zeugnisse wie die weißen Mauern Zions leuchten.

[38] Ulrich Conrads schrieb viele Monate später: »Kein Bau, im letzten Jahr auf diesen Seiten publiziert, hat mehr Schelte, ja, Schmährede auf sich versammelt, wie Johannes Peter Hölzingers eigenes Wohnhaus (mit Büro) in Bad Nauheim.« (*Bauwelt*, Heft 5, 2. Februar 1979, S. 163.)

[39] »Wenn schon ein Lebewesen«, schrieb ein aufgebrachter Architekt aus Köln, »so paßt in diese heiligen Hallen ein Königspinguin viel besser!« (*Bauwelt*, Heft 29, 4. August 1978, S. 1079.)

[40] Gemeint ist natürlich die Ideologie des Funktionalismus, die insbesondere in den polemischen und besserwisserischen Ausführungen Josef Lehmbrocks zum Ausdruck kamen. Immerhin wurden diese auch damals schon als »Feldwebeltöne« zurückgewiesen. (Siehe *Bauwelt*, Heft 33, 1. September 1978, S. 1191, sowie *Bauwelt*, Heft 39, 20. Oktober 1978, S. 1449.)

[41] Zum Begriff der Überschreitung siehe Reiner Niehoff, *Hans Henny Jahnn. Die Kunst der Überschreitung*, München 2001, sowie Gerd de Bruyn, »Plädoyer für die Ketzer und Pioniere/Theorie einer heterogenen Architektur«, in: Gerd de Bruyn und Stephan Trüby, Hg., *architektur_theorie.doc. texte seit 1960*, Basel, Boston und Berlin 2003, S. 13–33.

[38] Ulrich Conrads wrote four months later: »No building published in these pages in last year gathered more scolding, indeed diatribes than Johannes Peter Hölzinger's own home (with office) in Bad Nauheim.« (*Bauwelt*, no. 5, 2 February 1979, p.163.)
[39] »If any living creature would«, wrote an outraged architect from Cologne, »then a king penguin would fit into these sacred halls much better!« (*Bauwelt*, no. 29, 4 August 1978, p. 1079.)
[40] What is meant of course is the ideology of functionalism, which was expressed particularly in Josef Lehmbrock's polemic and overbearing statements. These were rejected even at the time, however, as »sergeant's tones«. (See *Bauwelt*, no. 33, 1 September 1978, p.1191, and *Bauwelt*, no. 39, 20 October 1978, p.1449.)
[41] For the notion of going too far see Reiner Niehoff, *Hans Henny Jahnn. Die Kunst der Überschreitung*, Munich 2001, and Gerd de Bruyn, »Plädoyer für die Ketzer und Pioniere/Theorie einer heterogenen Architektur«, in: Gerd de Bruyn and Stephan Trüby, ed., *architektur_theorie.doc. texte seit 1960*, Basel, Boston and Berlin, 2003, pp.13–33.

is Hölzinger's original contribution to avant-garde architecture. His house demonstrated a precise correspondence between the geometry of the interior and that of the exterior. The outside walls still fulfil the protective, but not the semiotic function of the façade. This means that its texture and decoration should demonstrate the interest builder and resident take in public urban quality.

Hölzinger's house has nothing, or at least very little, to say about decoration. Instead of this, its external form reveals crucial design characteristics that are continued inside. It is full of the hints that works of art pass on to their viewers. Inside and outside are differentiated in terms of function only. There is no difference aesthetically speaking. The same elements are found in both, and the same rules apply. And the fact that different temperatures and lighting conditions prevail outside, that you have to make do with one level there rather than four, essentially only explains to us that this house too comes to an end. It is also a provisional end: although it seems like an autonomous sculpture to the viewer, like the renaissance of Palladian classicism, it is at the same time constructed from standardized elements that could carry on growing in principle. This is how exterior walls became interior walls, and it would be yet another piece of evidence for the fact that this house accepts no distinction between envelope and core.

So that the transformation of an exterior into an interior can work, a uniform design method is applied to the whole building. The strict dictates of symmetry that the same room size occurs twelve times on three floors, whether the room is intended as a living room or a bedroom, for children, as a kitchen, as a secretary's office or for drawing. This achieves the most radical of contrasts with the ideas of the organic school, who hoped that their ground plans would snugly fit the residents' behaviour and movements. Modern living was supposed to be made possible in this way. Modern meant: comfortable. The requirement for comfort ran through Neues Bauen like a leitmotif. You could just as well call it a deritualization of living. Along with the stiff collar, a style of living was done away with that had inhibited people's need for movement. They were to be able to behave casually and informally in their rooms. And so an effort was made to find ways out of the constricting geometry of uncomfortable ways of life.

By emphasizing strictly symmetrical form, Hölzinger seems to have built a house for people who were intended to swap their freedom of movement for a further ritualization of living. But that would mean that the abolition of the contradiction between outside and inside would be bought in his house at the expense of living in a modern way. And in fact many readers who expressed critical opinions after the building was published in *Bauwelt* suspected this.[38] Above all they felt uncomfortable with its apparently ecclesiastical character, feeling that people would only be in the way.[39]

The protests, which all came from the pens of self-styled guardians of the holy grail of Modernism, were all based on the false assumption that the reintroduction of mirror symmetry into modern architecture would inevitably create an ecclesiastical quality that would necessarily be associated with the restoration of traditional living. The only remarkable thing is that no visitor to this house, whose special qualities you are aware of with every step you take, ever thinks about »sacred halls«. At no point do you sense you are in a church. Nothing solemn ever strikes you about the building, which is certainly very artificial, but entirely without excessive emotion. There can be no sense of a particular style being compulsorily imposed on building. We remember: stylization was an attribute of Jugendstil. But the last thing Hölzinger's house is aiming to do is to redeem life by making it into art. And conversely, art is not to be redeemed by making it into everyday life, in the way the old avant-garde had in mind. No one is to be redeemed because the hierarchy needed for that is missing: there is no top towards which the bottom is drawn upwards. Instead of this, the house in Bad Nauheim demonstrates how practical, everyday tasks and aesthetic experiences can be linked: the special quality is that one becomes aware of itself only in terms of the other. Put in another way: the aesthetic charm this architecture exudes does not decrease, in fact it becomes more intense in its mutual involvement with everyday practice; conversely, life in this house comes into its own only in the aesthetic experiences that it offers its occupants.

And it is everyday tasks, like opening and shutting the doors, for example, that reveal what experiencing the delicate reflections of light and colour, as seen in the pictures in this book, really means: these are actions for a specific purpose; the element of astonishment shows they are aesthetic actions. And in just the same way an occupant's movement as he hurries up to the top floors in daylight does not make full sense until he experiences the increasingly intense sunlight: only this makes him aware that the effort of climbing the stairs is an aesthetic one. Hölzinger did not try to redeem the avant-garde claim to reconciling art and life by devaluing everyday experiences. Instead he assumed that people would be prepared to make an experiment: they would acknowledge that performing everyday tasks was aesthetic behaviour at all times, and conversely they would acknowledge that these were practical everyday actions.

In this way, everything that is done is done with more awareness than it is elsewhere. This is because people are interacting with a building that was strictly composed and yet does not want to force anyone into the integration processes that it intends. And yet not everyone can live in this house. But does this not apply even more to the dreary architecture conceived for »the masses«? Why should it be assumed that artistic experiences are something the majority of the population cannot cope with? Why is a poetic place something for the élite only? And Hölzinger's house is a poetic place! The fact that his critics could not see this at the time – and no one could care less about them now – shows us the power of an ideology[40] that only allowed the possibility of architectural poetry to be conceived as a function of ecclesiastical spaces.

Finally: the avant-garde displays the hubris, as happens in cities, of going too far[41] and tearing down the barriers at night that discipline us in the daytime. The avant-garde does not accept any moral distinction between day and night: Hölzinger's house seems as graceful by day, when the sun is shining on it as it does in the evening, when the light from inside is escaping outwards. It is the product of a Modernism that was formed in the provinces so that it no longer had to measure by two different standards. The desire for an architecture that knows no compromise constantly sparkles into being in history. But programmes age horrifying quickly, while the evidence of them stands unscathed, shining like the white walls of Zion.

Skulpturale Architektur, 1957–63
1. Haus Bongartz, Bad Nauheim 1958–60 (Photo: Annemarie Grafe-Giercke.)
2. Kaffeeladen Wouters, Wetzlar, 1960, mit Walter Neuhäußer. (Photo: Annemarie Grafe-Giercke.)
3. Filtergebäude des Freibads in Limburg/Lahn, 1962, mit Walter Neuhäußer. (Photo: J. P. Hölzinger.)
4–6. Buchhandlung Burk, Bad Nauheim 1962. (Photos: Hans König (4), Manfred Tischer (5, 6.)

Offene Strukturen, 1964–80
7–9. Seerestaurant für die Bundesgartenschau 1967 im Schloßpark in Karlsruhe, 1965–67. (Photos: Foto-Fürstenberg (7), Hans König (8, 9).)
10–12. Wohnbebauung Höhenweg 11, Bad Nauheim, 1969–72. (Photos: Jürgen Wegener.)
13–15. Ev. Gemeindezentrum in Friedberg/Hessen, 1969–83. (Photos: Jürgen Wegener (13), Akinbode Akinbiyi (14, 15).)

Sculptural architecture, 1957–63
1. Bongartz house, Bad Nauheim 1958–60 (Photo: Annemarie Grafe-Giercke.)
2. Wouters coffee shop, Wetzlar, 1960, with Walter Neuhäußer. (Photo: Annemarie Grafe-Giercke.)
3. Filtration plant of the open-air swimming pool in Limburg/Lahn, 1962, with Walter Neuhäußer. (Photo: J. P. Hölzinger.)
4–6. Burk bookshop, Bad Nauheim 1962. (Photos: Hans König (4), Manfred Tischer (5, 6.)

Open Structures, 1964–80
7–9. Lakeside restaurant for the Bundesgartenschau 1967 in the palace gardens in Karlsruhe, 1965–67. (Photos: Foto-Fürstenberg (7), Hans König (8, 9).)
10–12. Höhenweg 11 housing, Bad Nauheim, 1969–72. (Photos: Jürgen Wegener.)
13–15. Protestant parish centre in Friedberg/Hesse, 1969–83. (Photos: Jürgen Wegener (13), Akinbode Akinbiyi (14, 15).)

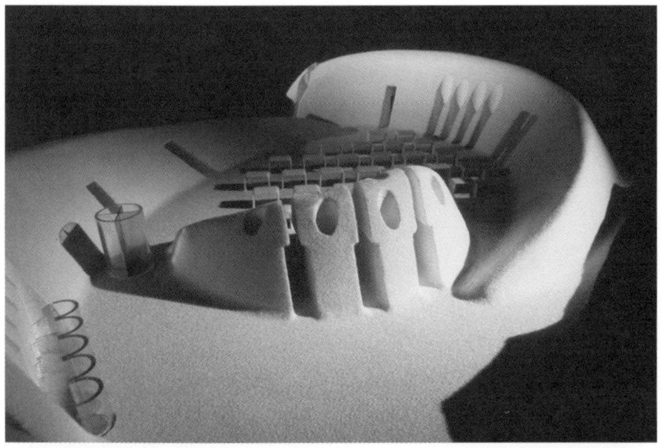

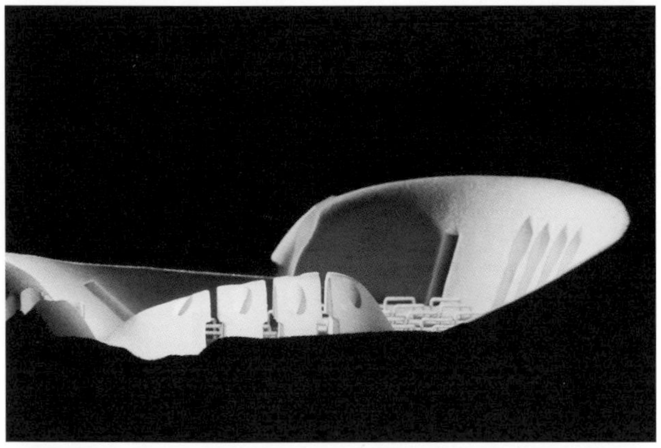

Offene Strukturen, 1964–80
16–18. Messestand der Farbwerke Hoechst auf der K 71, Düsseldorf, 1971. (Photos: Farbwerke Hoechst (16, 17), Rudi Angenendt (18).)
19–21. Wohnbebauung Hochwaldstraße 44, Bad Nauheim, 1980–83. (Photos: Robert Häusser (19, 20), J. P. Hölzinger (21).)

Erdschnitte, Erdklappungen, ab 1980
22–24. Kasino des Bundesministeriums der Verteidigung, Bonn, 1986–97. (Photos: Dieter Leistner (22), Ivan Nemec (23, 24).)
25–27. Haus Anthes, Liederbach/Taunus, 1987–93. (Photos: J. P. Hölzinger (25), Stefan Thurmann (26, 27).)
28. Spreebogen, Berlin – Museum der Europäischen Kultur, Binnensysteme der Regierungsbauten, 1988–91. (Photo: Jürgen Wegener.)
29. »La Tour Eiffel pliée«, 1989. (Photo: Jürgen Wegener.)

Open structures, 1964–80
16–18. Exhibition stand of Farbwerke Hoechst for K 71, Düsseldorf, 1971. (Photos: Farbwerke Hoechst (16, 17), Rudi Angenend (18).)
19–21. Hochwaldstraße 44 housing estate, Bad Nauheim, 1980–83. (Photos: Robert Häusser (19, 20), J. P. Hölzinger (21).)

Earth cuttings, Earth foldings, since 1980
22–24. Cafeteria of the Federal Ministry of Defense, Bonn, 1986–97. (Photos: Dieter Leistner (22), Ivan Nemec (23, 24).)
25–27. Anthes house, Liederbach/Taunus, 1987–93. (Photos: J. P. Hölzinger (25), Stefan Thurmann (26, 27).)
28. Spreebogen, Berlin – Museum of European Culture, interior systems of the government buildings, 1988–91. (Photo: Jürgen Wegener.)
29. »La Tour Eiffel pliée«, 1989. (Photo: Jürgen Wegener.)

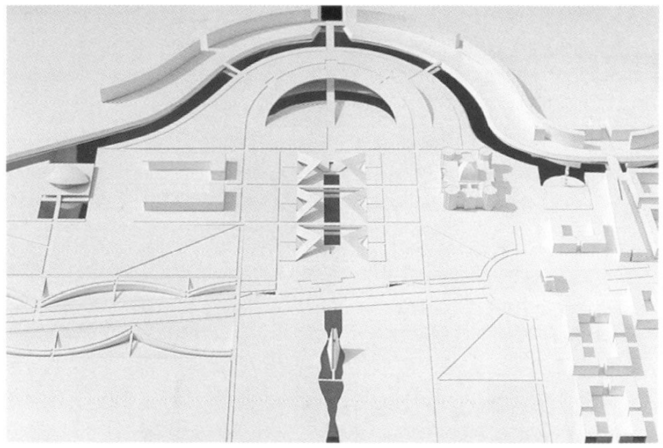

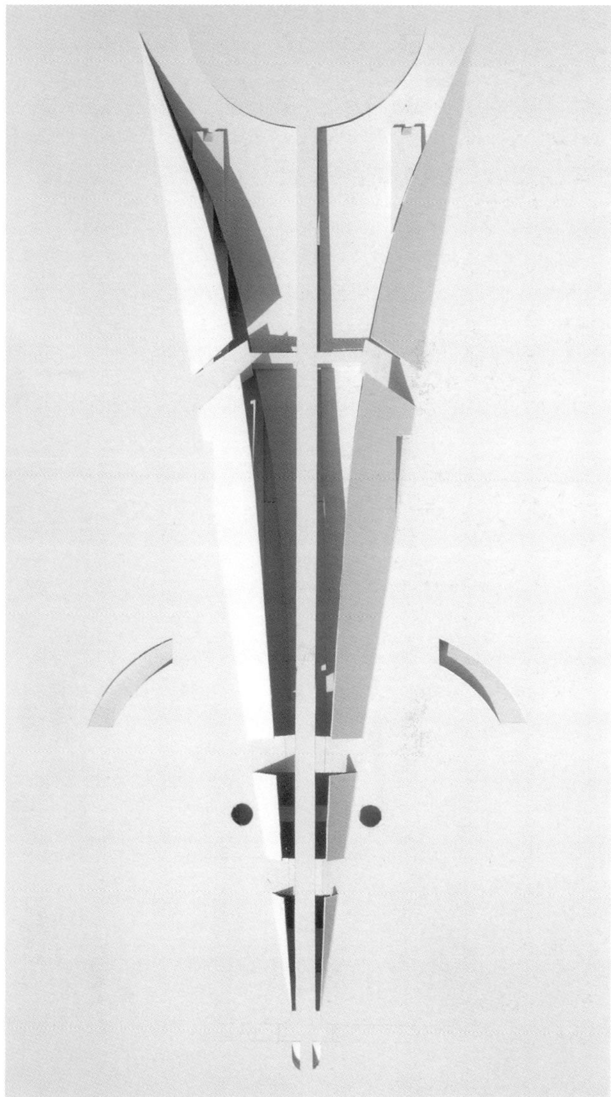

Johannes Peter Hölzinger
Anmerkungen zum Wohnhaus in Bad Nauheim (1975–77)

Das Grundstück war eine Baulücke in der um die Jahrhundertwende vorwiegend mit dreigeschossigen Villen bebauten Gustav-Kayser-Straße. Die Grundstücke dieser Straßenzeile grenzen im Süden an die alte Befestigungsmauer der Stadt. Die Höhenlage am Fuß des Johannisbergs gewährt aus den oberen Geschossen freien Blick über die Altstadt und die umgebende Landschaft.

Syntax

Die Syntax der bestehenden Straßenzeile ist geprägt durch symmetrische, vertikal gegliederte, vorwiegend dreigeteilte Fassaden wilhelminischer Bauten mit regelmäßigen Intervallen der Gebäudekörper und der Zwischenräume. Vorherrschend sind Gebäudetypen mit ausgeprägter Mittel- und Querachse und solche mit diagonaler Betonung durch Eck-Erker.

Entwurfsabsichten

Entwurfsabsicht war die Einfügung des Neubaus in den vorhandenen Bestand unter Berücksichtigung der vorgefundenen syntaktischen Elemente, jedoch ohne eklektizistischen Rückgriff.

Die Gestaltanalyse der bestehenden Bauten, die bildnerischen Absichten und die Wohnbedürfnisse führten zu einer symmetrischen, vertikal organisierten Baumasse, in deren Grundriß sich die vorgefundenen Merkmale der Mittel-, Quer- und Diagonalachsen und in deren Ansicht sich die Dreiteilung der benachbarten Fassaden wiederfinden.

Strukturelemente

Die Kombination von Winkel und Halbschale, zwei Grundelemente des bildnerischen Vokabulars, das im Rahmen der mit Hermann Goepfert gebildeten Planungsgemeinschaft entwickelt wurde, ist das materiale Mittel für eine gebündelte, städtische, senkrecht strukturierte Baumasse.

Die Anordnung dieser Grundelemente bewirkt eine Fassade mit ausgeprägtem Relief. Die durch Ein- und Auswölbungen erzeugte Kontur bezieht den Raum darüber, den Himmel, mit ein. Dieser Aspekt war mir besonders wichtig angesichts einer Vernachlässigung des Himmelsraumes bei heutigen, oben begrenzten, nur auf die irdische – nur materielle – Dimension bezogenen Flachdachkuben.

Licht

Das zweite, immaterielle bildnerische Mittel ist das Licht. Die aus Bodenschlitzen aufsteigenden Strukturelemente des Hauses wachsen aus der Erde ins Licht. Während das Erdgeschoß durch die Öffnungen zwischen den voneinander getrennten einzelnen Strukturteilen noch ausschließlich waagrecht geführtes Licht erhält, kommt bereits im ersten Obergeschoß senkrecht eindringendes Licht durch die oben verglasten Treppenhäuser hinzu. Lichtführung und Lichtintensität kulminieren in dem nach außen und zum Himmel hin transparenten zweiten Obergeschoß, in das durch Deckenöffnungen zusätzlich senkrecht geführtes Licht einfällt.

Die Öffnung in den Diagonalachsen gewährt in allen Geschossen einen freien Ausblick, vorbei an den Nachbarbauten, statt dem Fenster-Gegenüber traditioneller Lochfassaden.

Farbe

Zusammen mit dem Weiß-Konzept des Hauses (weiße Wände, heller, polierter und damit jede Lichtform spiegelnder Marmorboden) entstehen je nach Lichteinfall wechselnde, differenzierte Weiß-Modulationen.

Die Krümmungen der Wandflächen formulieren das einfallende Licht und reflektieren jede Himmelsfärbung – vom aufsteigenden Goldgelb des Sonnenaufgangs über das senkrecht einfallende Blau des Mittagshimmels und dem Rosa und Rotviolett des Sonnenuntergangs bis zum einsickernden Blaugrau der Dämmerung.

Durch die unterschiedlichen Stellungen der über das Dach ragenden Wandteile werden warme und kalte Farbtönungen gleichzeitig in die Innenräume reflektiert.

Das weiße Haus ist ein farbiges Haus. Tonalität und Farbreflexionen verleihen den Wänden eine Bildqualität (im monochromen Sinn).

Raumbegriff

Obwohl sich das Haus aus den genannten Gründen in die Umrißlinien der benachbarten, körperhaften historischen Bauten einfügt, ist es kein geschlossener Baukörper. Die Strukturelemente umstellen, losgelöst voneinander, eine innere Zone. Sie sind horizontal raumdurchlässig. Die »perforierten« von den Wandelementen durchdrungenen Decken sind in vertikaler Richtung raumdurchlässig.

Die tektonischen Elemente sind also lediglich eine materiale, modulierte Verdichtung im endlosen Raum, entsprechend dem Bewußtsein von erweiterter Räumlichkeit und der Teilhaftigkeit aller an einem gemeinsamen Lebensraum.

Die Räume sind unabhängig von ihrer Funktionsbestimmung, das heißt, das Haus, der Raum, ist nicht nur unterstellte Gebrauchsform, wird nicht nur zu seiner ihm zugedachten Funktion hin gebildet, auf das nur Nützliche reduziert, sondern der Raum hat seine eigene Existenz, in der die zeitbedingten Funktionen eingerichtet sind. »Das ist wichtig für den Menschen, denn er trifft so in seinem Haus auf etwas, das eine Welt für sich ist: Die Welt des Menschen trifft auf die Welt des Raumes.« (Max Picard.)

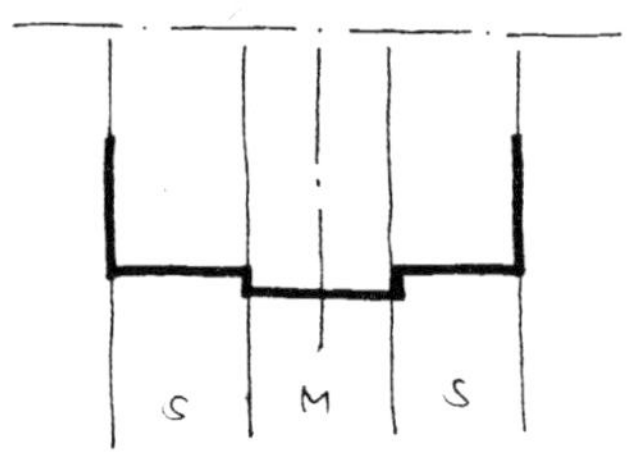

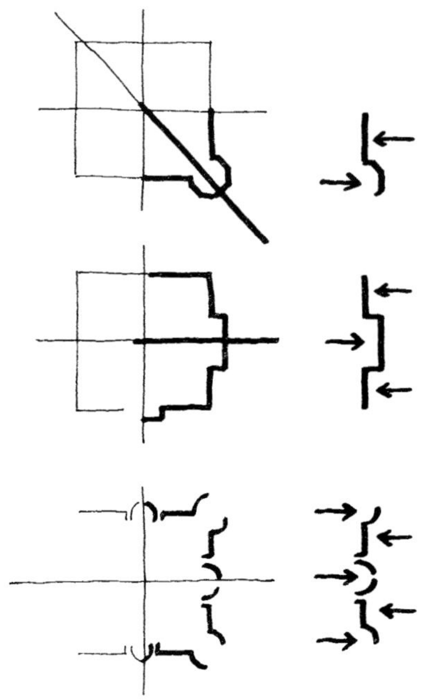

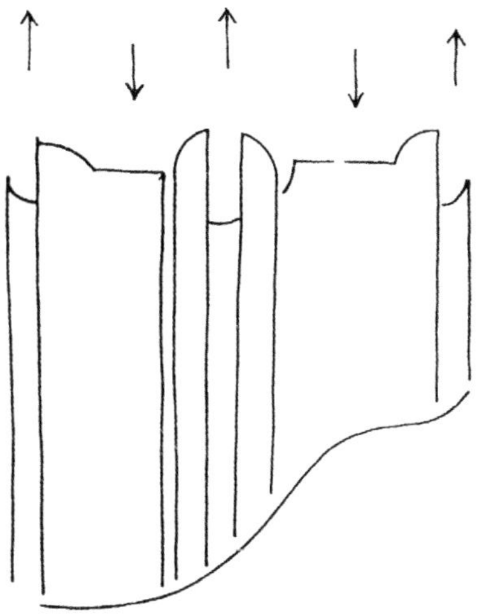

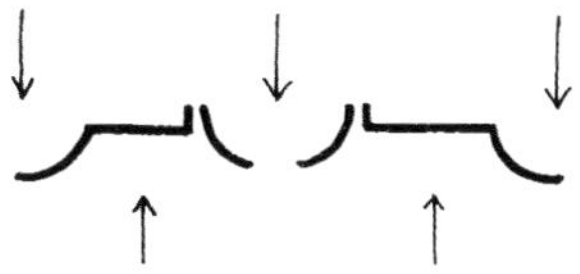

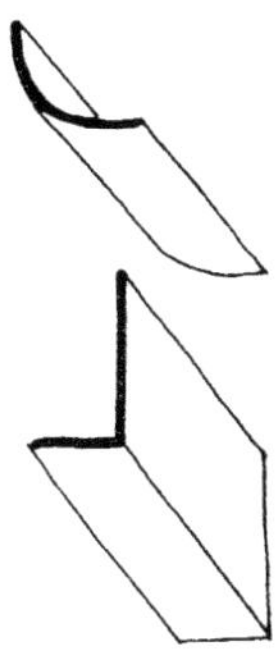

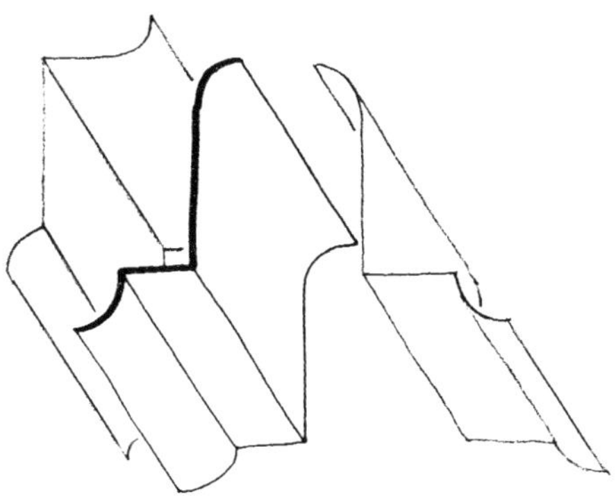

1. Vorherrschender Gebäudetyp in der Straße mit dreigeteilter Fassade.
2. Typologische Anpassung des Neubaus an die Altbauten.
3. Kontur (Verzahnung mit dem Himmel) und Relief (Verzahnung mit dem Straßenraum).
4. Elemente (Halbschale, Winkel, Kombination x 8).

1. Predominant building type in the street with tripartite façade.
2. Typological adjustment of the new house to the existing buildings.
3. Outline (interlocked with the sky) und relief (interlocked with the street space).
4. Elements (half-shell, angle, combination x 8).

Johannes Peter Hölzinger

Notes on the house in Bad Nauheim (1975–77)

The plot was in a gap between buildings in Gustav-Kayser-Straße, which dates from the turn of the century and features mainly three-storey villas. On the south side, the plots of this row of buildings border the town's old fortifying wall. Here at the bottom of the Johannisberg the altitude is such that there is open view over the old town and the surrounding countryside from the upper storeys.

Syntax

The syntax of the existing rows of buildings derives from symmetrical, vertically articulated façades, mainly divided into three. They are Wilhelminian, with individual buildings and gaps between them occurring at regular intervals. The predominant building type has marked central and transverse axes, other buildings are characterised by diagonal axes brought out by corner bays.

Design intentions

The aim of the design was to fit the new building into the existing stock, taking the found syntactical elements into account, but without any recourse to eclecticism.

The analysis of the forms of the existing buildings, the creative intentions and the needs of the future occupants led to a symmetrical, vertically organized building mass whose ground plan repeated the found characteristics of the central, transverse and diagonal axes; the elevation reflected the fact that the neighbouring façades are divided into three.

Structural elements

The combination of angle and half-shell, two basic elements in the creative vocabulary developed with Hermann Goepfert in the planning co-operative formed with him, is the material device used to create a focused, urban, vertically structured building mass.

The arrangement of these basic elements produces a façade with very strong relief. The outline created by inward and outward curves includes the space above, the sky, as well. This aspect was particularly important to me given today's neglect of the sky as a space in flat-roofed cubes, which are bottom-heavy, and relate only to the earthly – merely material – dimension.

Light

The second, immaterial creative resource is light. The structural elements of the house climb out of slits in the ground and grow from the earth towards the light. While the ground floor still receives exclusively horizontally directed light through slits between the individual structural parts which are detached from each other, on the first floor, light already comes in vertically from the stairwells, which are glazed at the top. The direction and intensity of the light culminate in the second floor, which is transparent to the outside and to the sky, and receives additional vertical light through the ceiling apertures.

The aperture on the diagonal axes guarantees an open view outwards on all floors, past the neighbouring buildings, unlike the opposite window view from traditional punctuated façades.

Colour

Along with the white concept for the building (white walls, light, polished marble flooring that reflects light in every form), each incident light pattern creates subtly fluctuating modulations of white.

The curved wall surfaces formulate the incident light and reflect all the colours of the sky – rising golden-yellow at dawn, then passing via the vertically incident blue of the midday sky and sunset pink and purple to the bluish-grey light that seeps in at twilight.

The different positions of the parts of the wall that thrust up above the roof mean that warm and cold shades of colour are reflected into the rooms at the same time.

The white house is a colourful house. Tonality and reflected colours give the walls a pictorial quality (in a monochrome sense).

Spatial concept

Even though the house fits in with the outlines of the neighbouring, corporeally historical buildings for the reasons mentioned, it is not a closed building. The structural elements, detached from each other, are placed around an inner zone. They are permeable horizontally. And the »perforated« ceilings, with the wall elements thrusting through them, are permeable vertically.

So the tectonic elements are just a material, modulated intensification in infinite space, corresponding with an awareness of extended spatial quality and the fact that all are involved in a common living space.

The rooms are independent of their defined functions, that is to say, the house, the space, is not just a subordinated working form, is not just aiming to fulfil the function allotted to it, reduced to the merely useful, but each space exists in its own right, with time-contingent functions built in. »That is important for a human being: in his own house he meets something that is a world in itself: the human world meets the world of space.« (Max Picard.)

5–8. Das Haus als modulare Verdichtung materialer Elemente im Raum.
9. Horizontale Raumverbindungen durch die voneinander gelösten Strukturelemente; vertikale Raumverbindungen durch die von den Wänden abgelösten Decken.
10. Weißmodulation durch die Lichtintensität und durch die Krümmung der Wandflächen.
11. Reflexionen der Farben des Himmels auf den die Dachfläche durchdringenden Wänden.

5–8. The house as a modular condensation of material elements in the space.
9. Horizontal spatial connections as a result of the separation of the structural; vertical spatial connections as a result of the separation between the walls and the floors.
10. White modulation through the intensity of light and the curved surfaces of the walls.
11. Reflections of the colours of the sky on the walls which penetrate the roof plate.

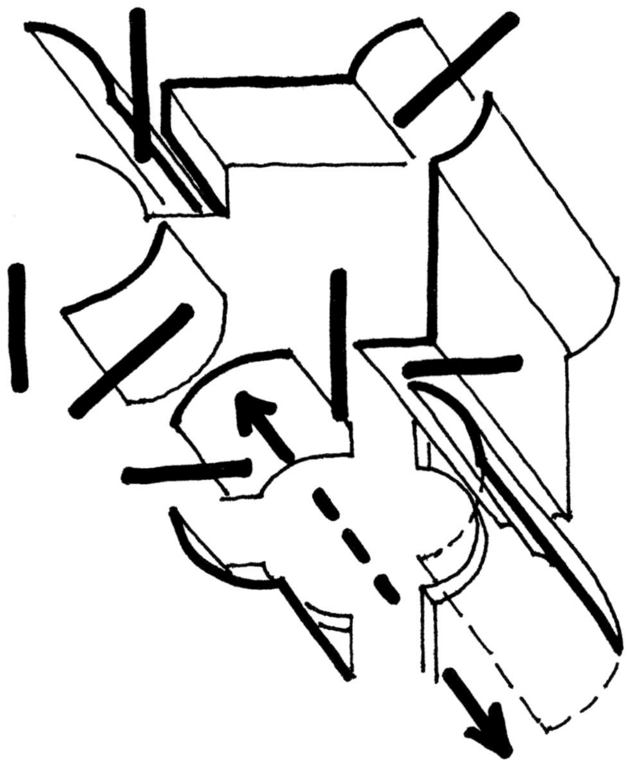

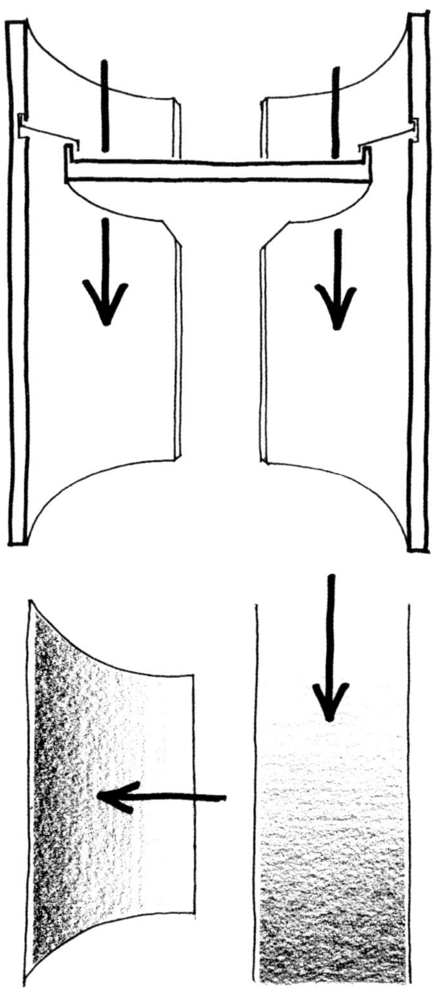

17
17A
18
18A

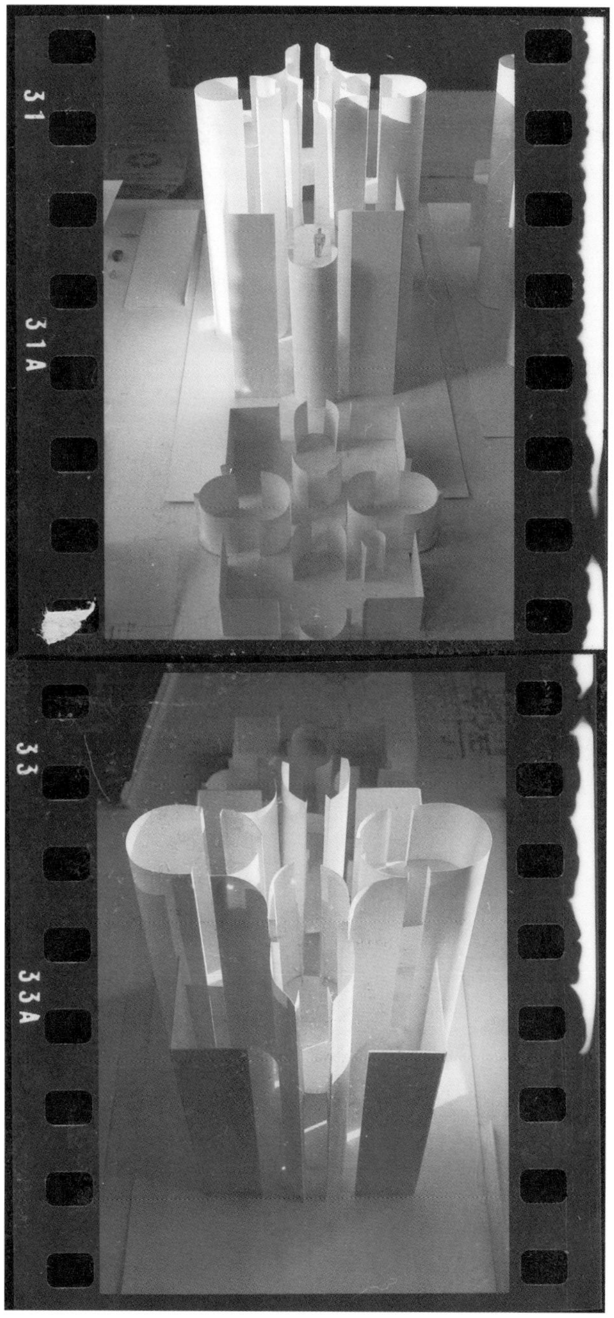
31
31A
33
33A

ILFORD
22A
FP 4

12–14. Modellstudien.
15. Prinzipmodell.

12–14. Model studies.
15. Principal model.

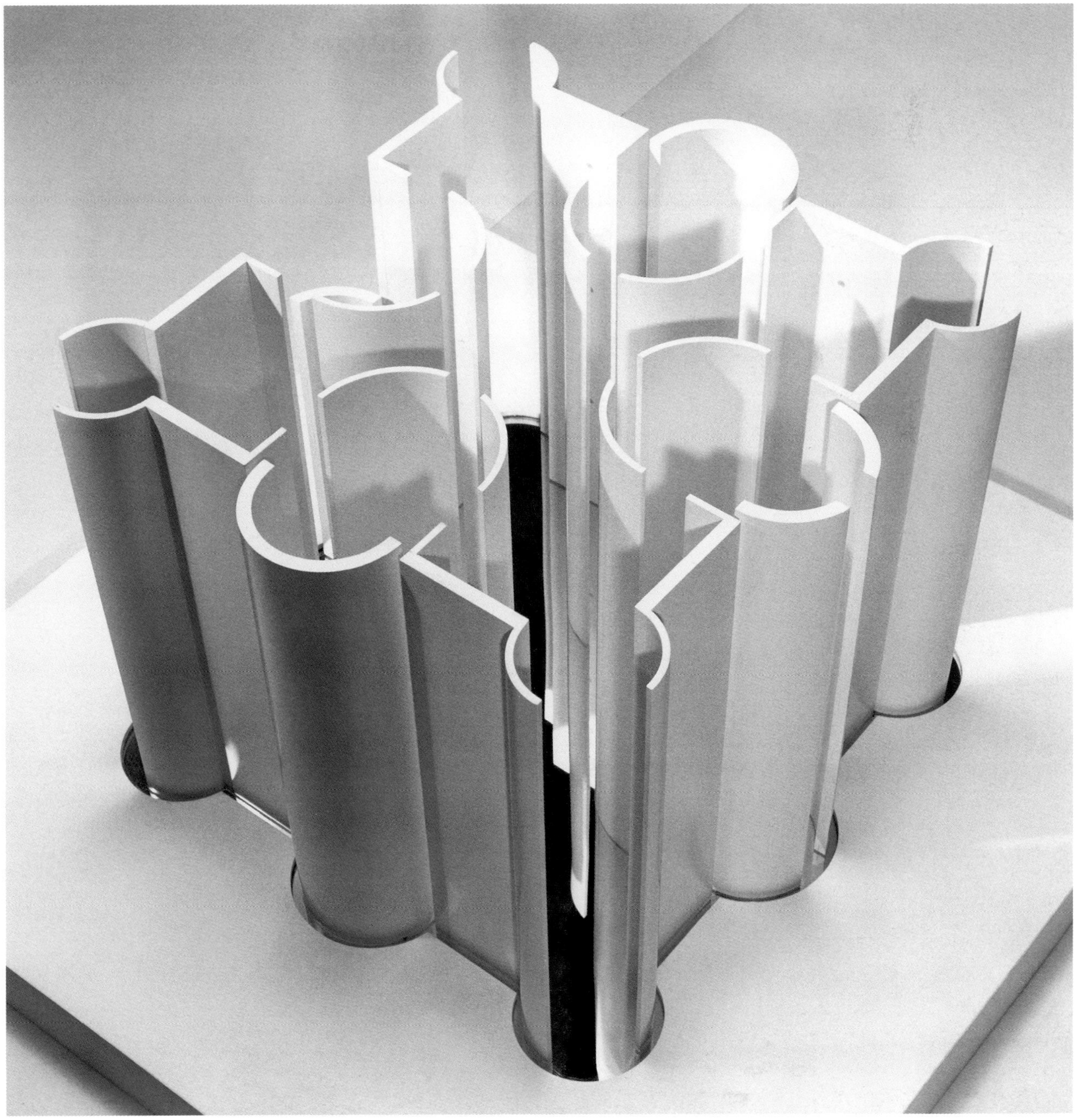

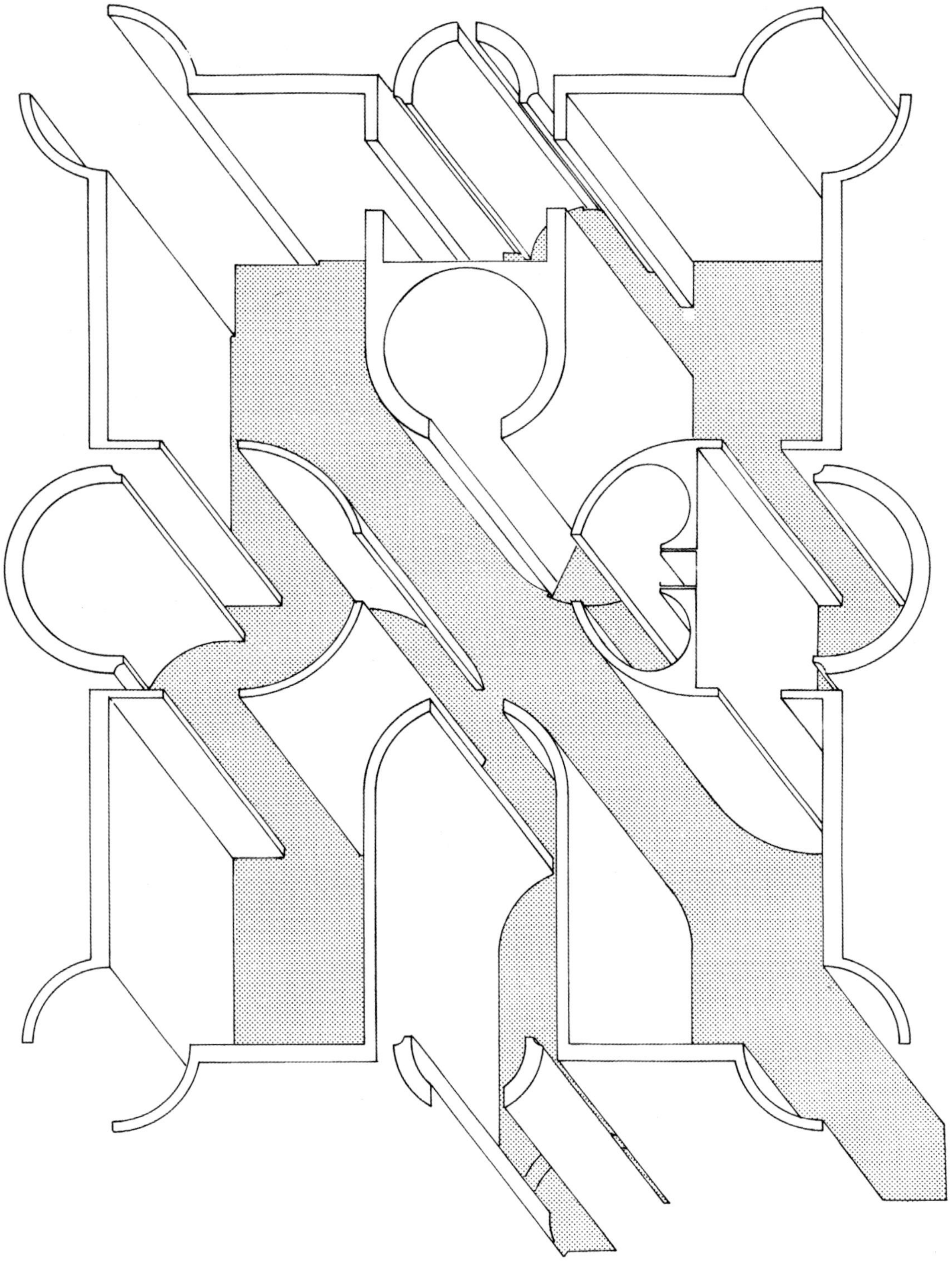

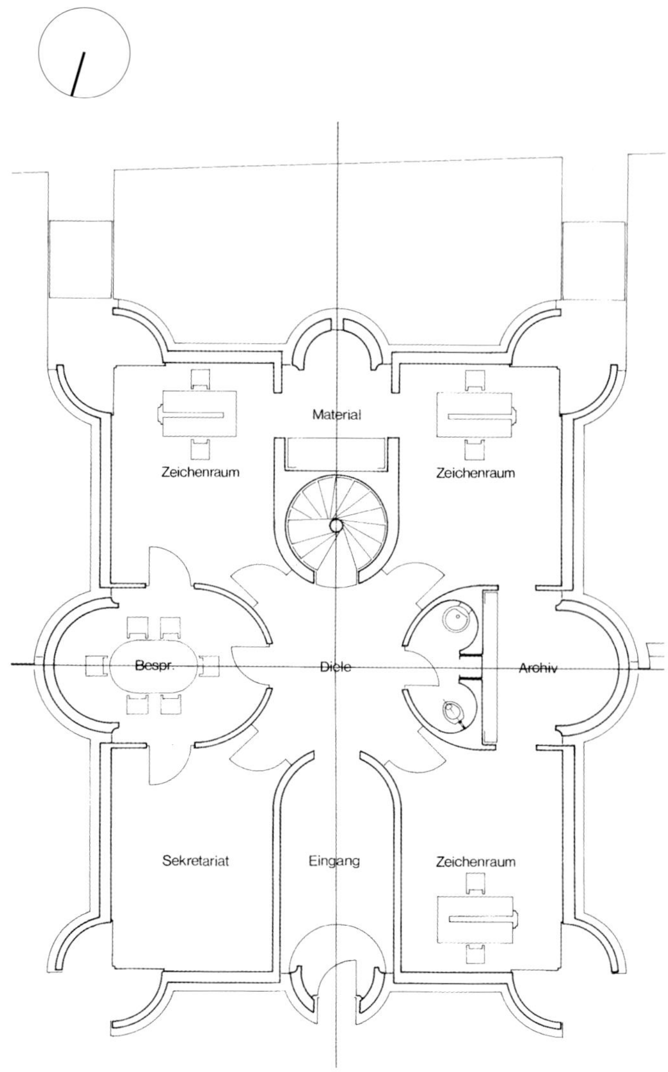
Material
Zeichenraum
Zeichenraum
Bespr.
Diele
Archiv
Sekretariat
Eingang
Zeichenraum

16, 17. Isometrie und Grundriß des Erdgeschosses.
18, 19. Isometrie und Grundriß des 1. Obergeschosses.

16, 17. Isometric view and floor plan of the ground floor.
18, 19. Isometric view and floor plan of the 1st floor.

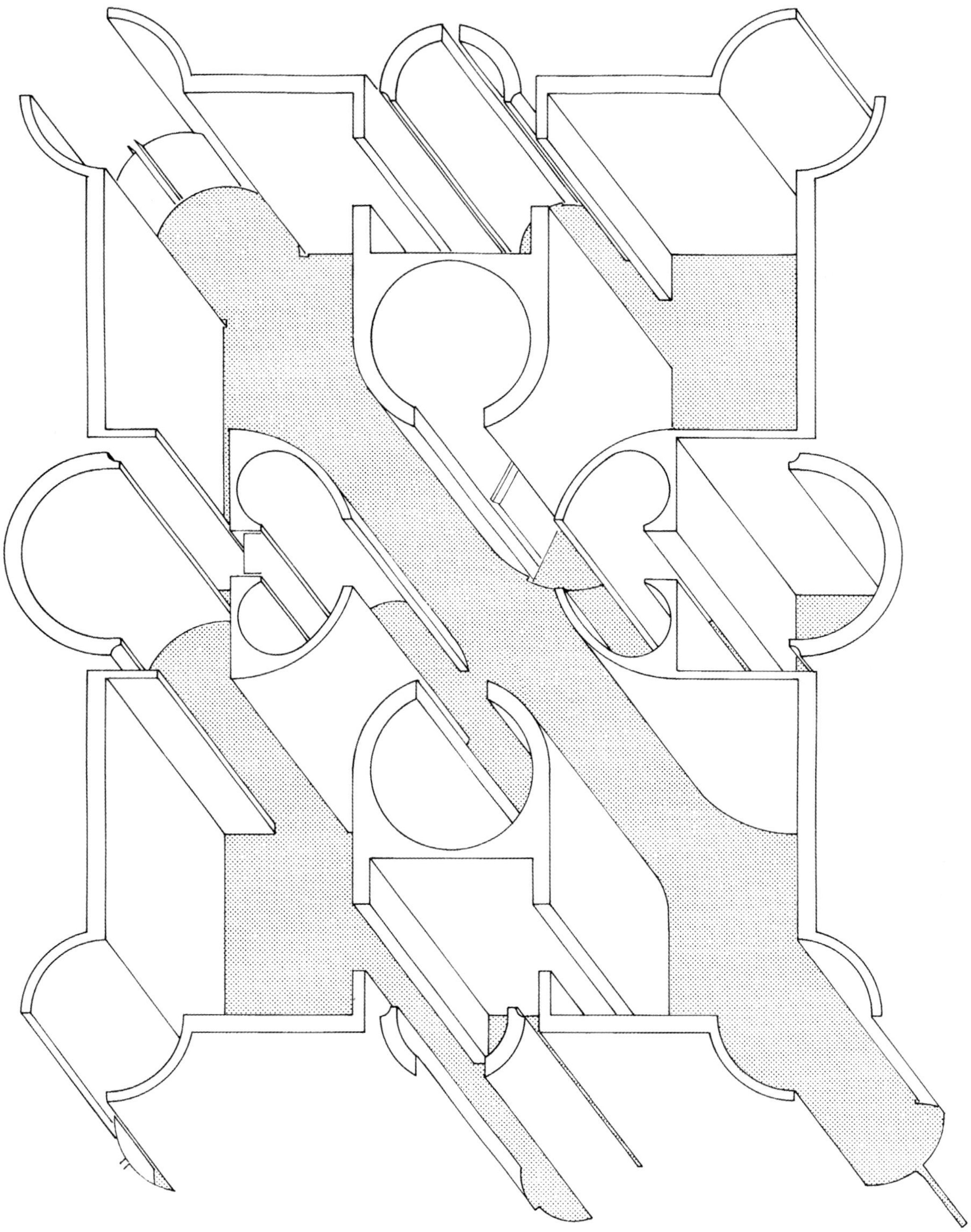

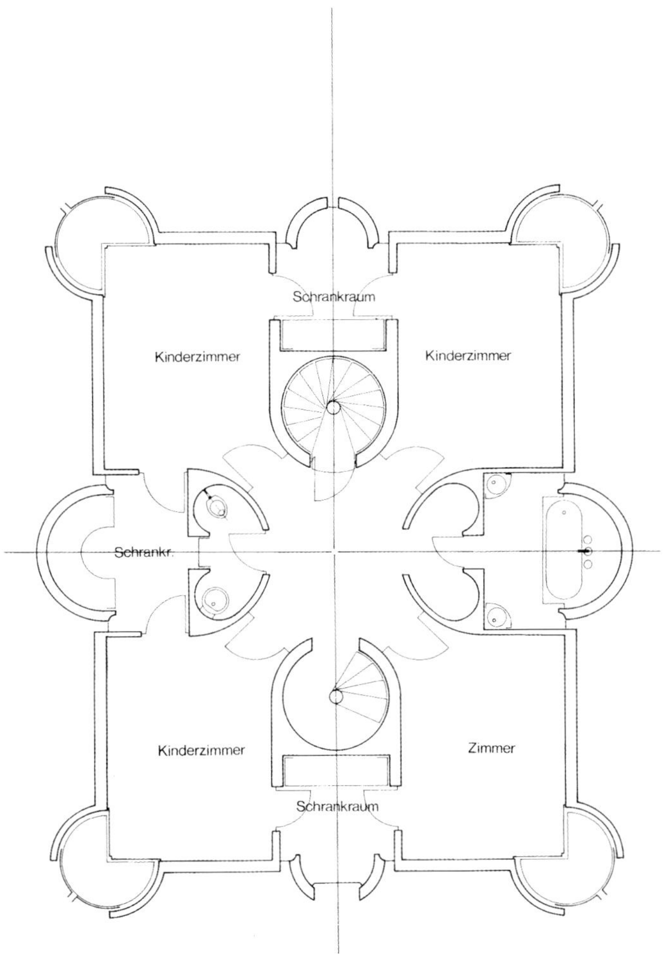

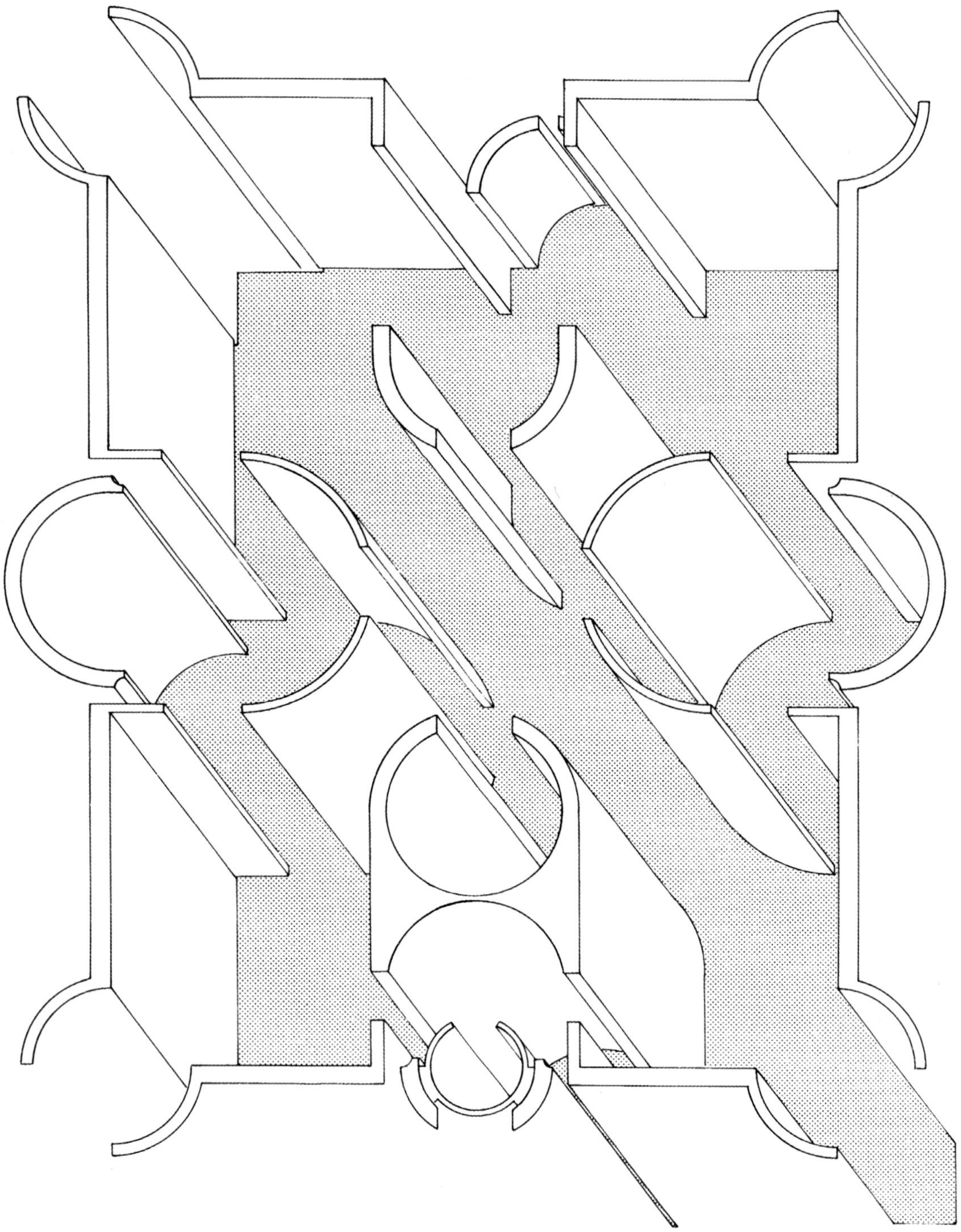

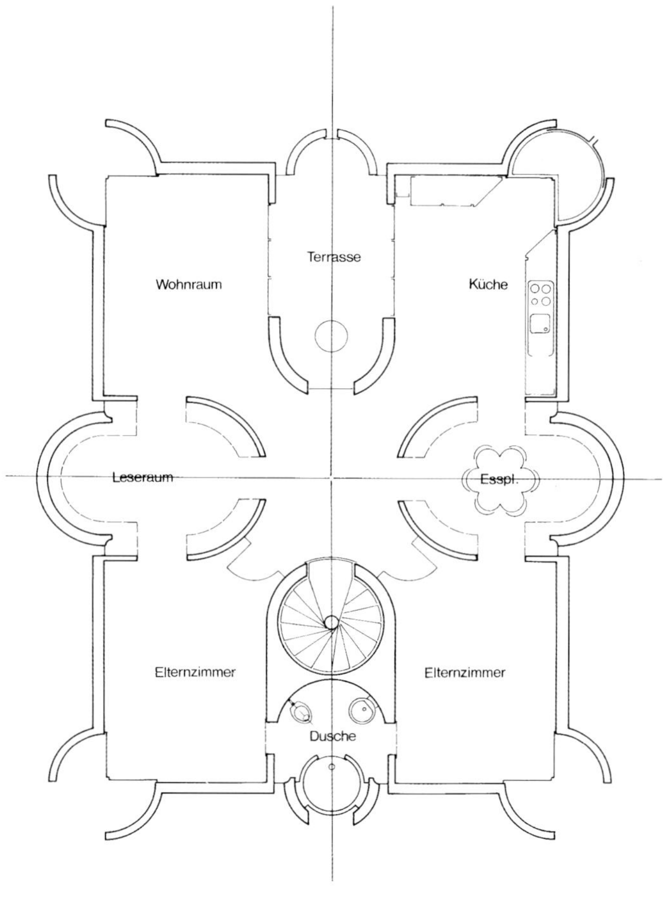

Wohnraum
Terrasse
Küche
Leseraum
Esspl.
Elternzimmer
Elternzimmer
Dusche

20, 21. Isometrie und Grundriß des 2. Obergeschosses.
22. Isometrie der Dachfläche.

20, 21. Isometric view and floor plan of the 2nd floor.
22. Isometric view of the rooftop.

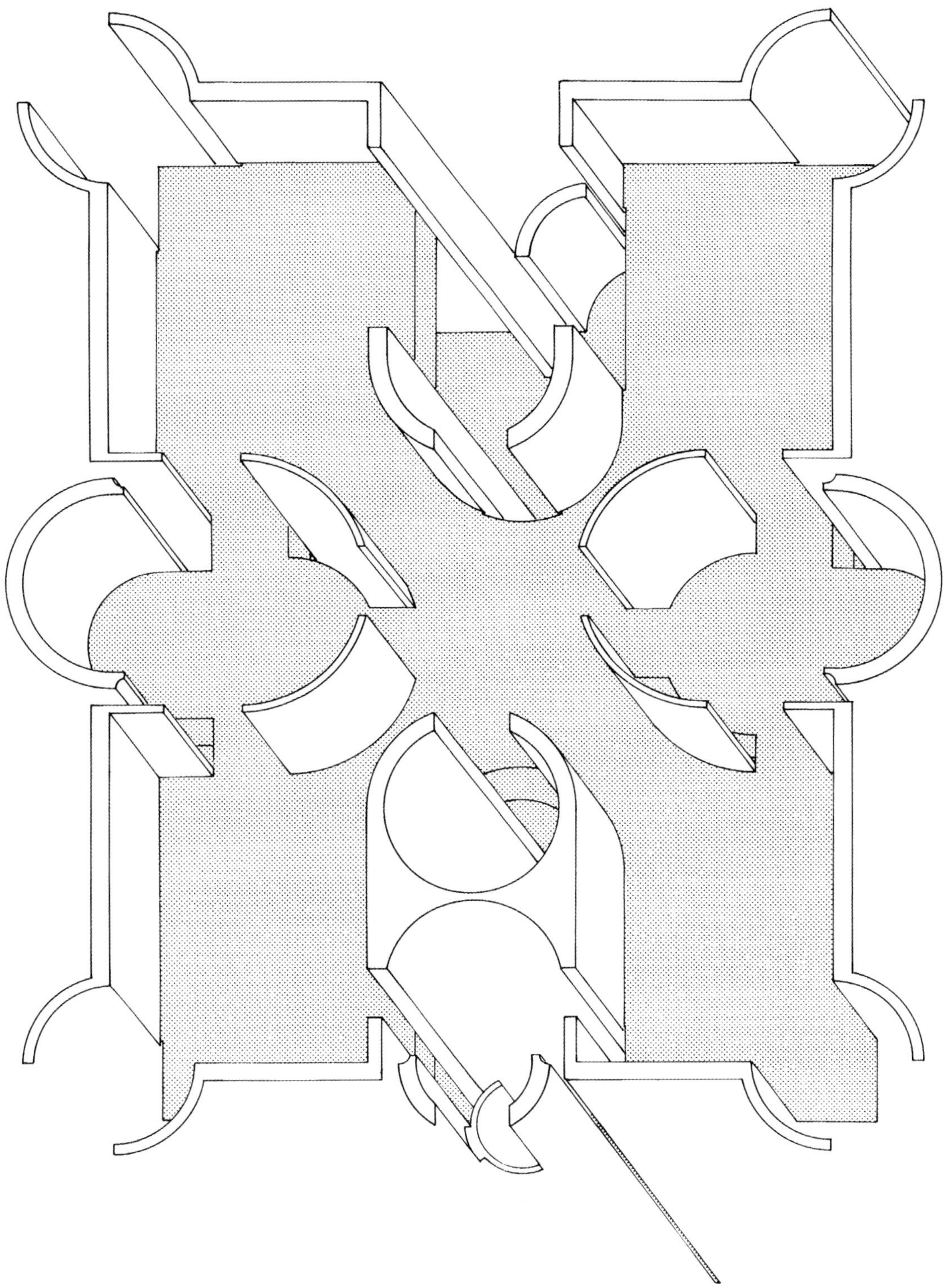

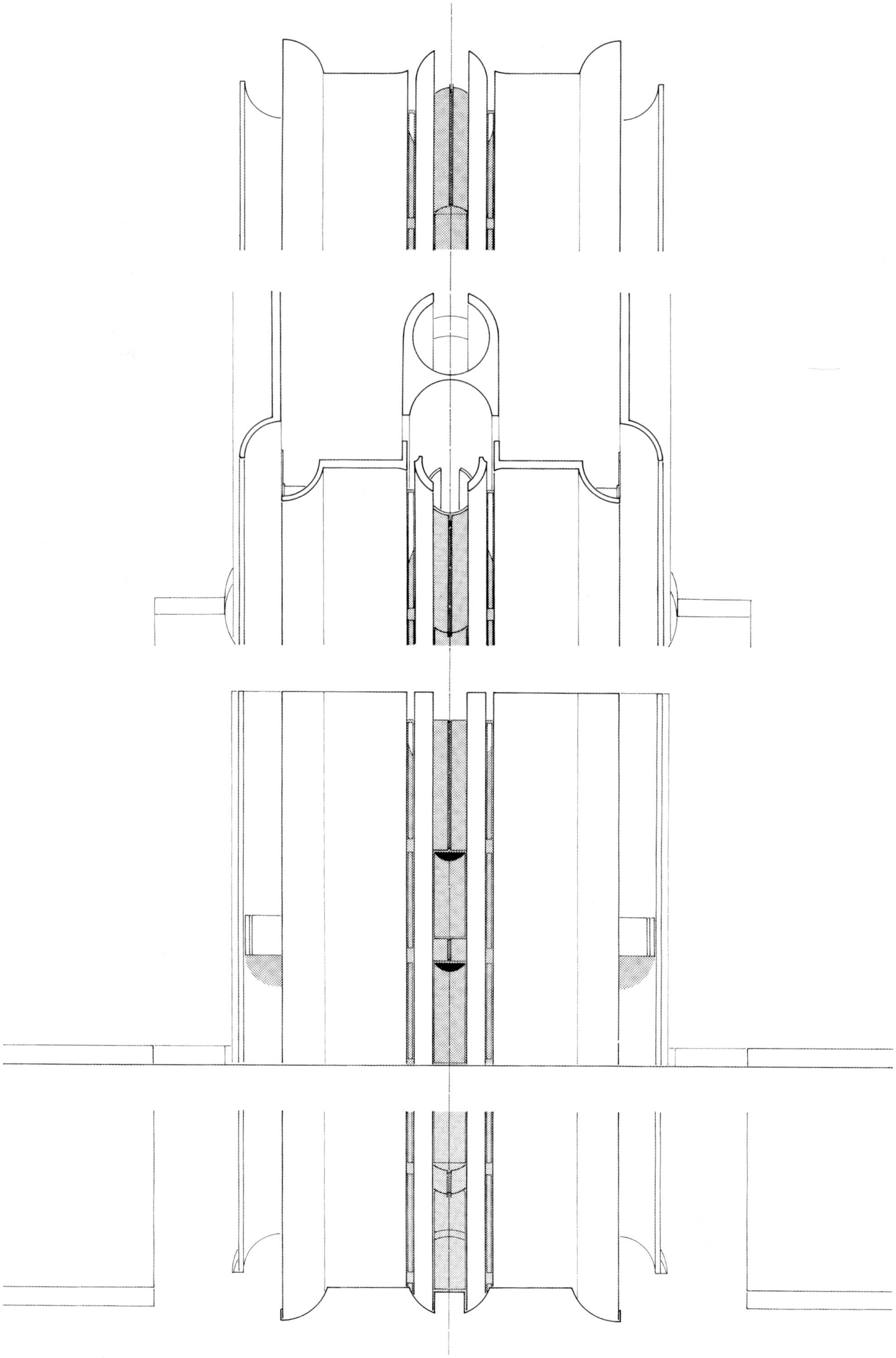

23. Aufriß der Straßenseite.
24. Aufriß der Gartenseite.

23. Elevation of the street side.
24. Elevation of the garden side.

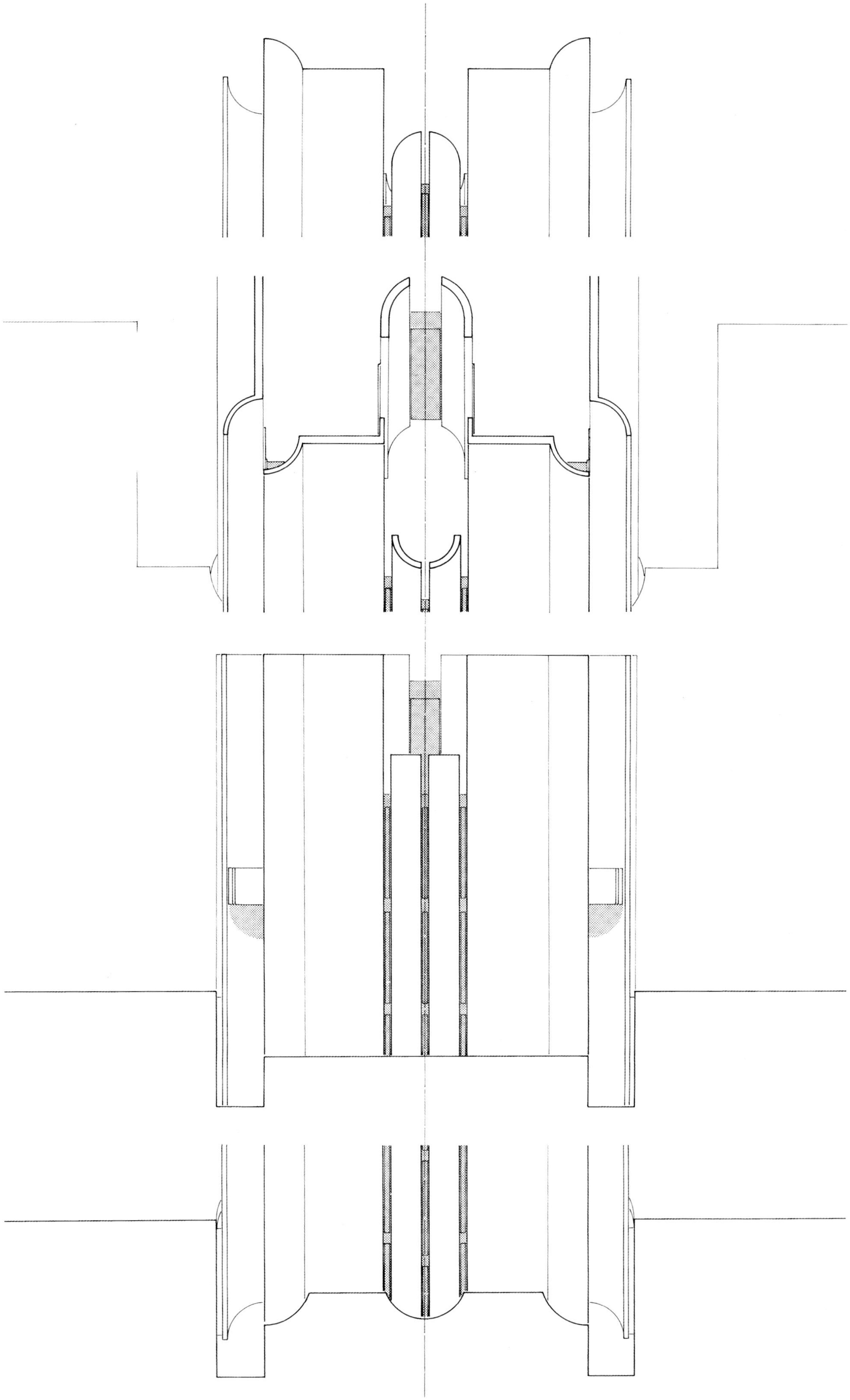

4

S. 38, 39
1, 2. Die Straßenseite bei Tag und in der Dämmerung.

p. 38, 39
1, 2. The street side in the daytime and at nightfall.

3. Detailansicht der Straßenseite.
4. Detailansicht der Gartenseite.

3. Detailed view of the street side.
4. Detailed view of the garden side.

S. 42, 43
5. Detailansicht der Gartenseite.
6. Die Südwestecke des Hauses.

p. 42, 43
5. Detailed view of the garden side.
6. The southwest corner of the house.

S. 44, 45
7, 8. Diagonale Durchblicke im 2. Obergeschoß.

9. Ost–West-Achse im 2. Obergeschoß.
10. Eßkonche im 2. Obergeschoß.

p. 44, 45
7, 8. Diagonal vistas on the 2nd floor.

9. East–west axis on the 2nd floor.
10. Dining concha on the 2nd floor.

11, 12. Detailansichten der Deckenperforation.

11, 12. Detailed views of the floor perforation.

13, 14. Detailansichten der Deckenperforation.

13, 14. Detailed views of the floor perforation.

S. 52, 53
15, 16. Der Modellraum im Erdgeschoß.
17. Der Wohnraum im 2. Obergeschoß.
18. Elternschlafzimmer im 2. Obergeschoß.

p. 52, 53
15, 16. The model room on the ground floor.
17. The living room on the 2nd floor.
18. Master bedroom on the 2nd floor.

S. 54/55
19. Nord–Süd-Achse im 2. Obergeschoß.

p. 54/55
19. North–south axis on the 2nd floor.

S. 56/57
20. Terrasse auf der Gartenseite im 2. Obergschoß.

p. 56/57
20. Terrace on the garden side on the 2nd floor.

21–26. Perforationen. (Photos: J. P. Hölzinger.)
27–30. Licht und Schatten. (Photos: J. P. Hölzinger.)

21–26. Perforations. (Photos: J. P. Hölzinger.)
27–30. Light and shadow. (Photos: J. P. Hölzinger.)

Johannes Peter Hölzinger

1936 geboren in Bad Nauheim
1954–57 Architekturstudium an der Staatlichen Hochschule für bildende Künste – Städelschule, Frankfurt am Main
1963/64 Stipendium der Bundesrepublik Deutschland, Deutsche Akademie Villa Massimo, Rom
1965–82 »Planungsgemeinschaft für neue Formen der Umwelt« mit dem Zero-Künstler Hermann Goepfert
1965, 1978, 1985 Auszeichnung »Vorbildliche Bauten in Hessen«
1967/68 Gastdozent an der Staatlichen Hochschule für bildende Künste – Städelschule, Frankfurt am Main
1970 Hugo-Häring-Preis für die Gestaltung des Schloßparks in Karlsruhe für die Bundesgartenschau 1967
1972 Gastdozent an der Staatlichen Hochschule für bildende Künste, Kassel
1984 Gastprofessor an der University of Malta
1991–2002 Professor an der Akademie der Bildenden Künste in Nürnberg für »dreidimensionales Gestalten« und »Kunst und öffentlicher Raum«

Johannes Peter Hölzinger

1936 born in Bad Nauheim
1954–57 studied architecture at the Staatlichen Hochschule für bildende Künste – Städelschule, Frankfurt am Main
1963/64 scholarship of the Federal Republic of Germany, Deutsche Akademie Villa Massimo, Rome
1965–82 »planning association for new forms of the environment« together with Zero artist Hermann Goepfert
1965, 1978, 1985 award »Vorbildliche Bauten in Hessen« (exemplary buildings in Hesse)
1967/68 guest teacher at the Staatliche Hochschule für bildende Künste – Städelschule, Frankfurt am Main
1970 Hugo Häring Award for the design of the palace gardens in Karlsruhe for the Bundesgartenschau 1967
1972 guest teacher at the Staatliche Hochschule für bildende Künste, Kassel
1984 guest professor at the University of Malta
1991–2002 professor at the Akademie der Bildenden Künste in Nürnberg for »three-dimensional design« and »art and public space«